スマートフォン時代の インテリジェント旅行術

吉田友和
旅行作家

はじめに
――「サハラ砂漠なう」とつぶやく時代――

飛行機が目的地に到着し、最初にすることは何だろうか?

僕の場合は――携帯電話の電源を入れる。スマートフォンであれば、フライトモードを解除する。画面上には「検索中…」の文字が表示され、無事電波を拾えればアンテナが立つ。飛行中はオフラインだった携帯／スマートフォンが、オンライン状態に復活した瞬間。僕はニンマリと一人ほくそ笑む。

周りの乗客たちを見ると、同じような人は多いと感じる。最近は日本の航空会社もルールが改善され、飛行機のドアが開いている間であれば機内でも携帯を使用していいことになった。エコノミークラスの後ろのほうの座席にいる場合などには、飛行機を降りるまでに結構待たされるので、列が進むまでの時間つぶしに携帯をいじれるのはありがたい。

海外のエアラインの中にはルールがゆるゆるのところもあって、着陸した瞬間に電源をオンにしてメールは当然のこと、遠慮なく通話をし始める、ちゃっかり者の乗客だって決して珍しくない。

いずれにしても、現代を生きる旅人にとって、携帯が欠かせないものであることを象徴する光景だと僕は思う。携帯がないと成り立ちにくい生活が当たり前となり、やがて旅先でも携帯を使用するのが日常的になった。技術の進歩はめざましく、さらにここ数年は単なる携帯ではなく、スマートフォンに置き換えられつつある——。

思えば、旅先でも普通に携帯が通じるようになったのは、そんなに昔のことではない。「海外でも使える！」という触れ込みの携帯電話はだいぶ前から存在したが、当初はどちらかといえばマニアや、忙しく世界中を飛び回る一部のビジネスパーソン向けのものだった気がする。それが、いつの間にかほとんどの機種で海外使用に対応するようになっていた。さらにｉＰｈｏｎｅを筆頭とするグローバル端末が日本でも流通し始めて、状況は一変した。

単なる携帯の場合、海外でも使えるとはいえ、通話やせいぜいメール止まりだった。けれどスマートフォンの普及により、インターネット接続までがカバーできるようになった。ｉモードのようなキャリア独自のネットサービスはあったが、元々が国内向けのサービスであるから、海外で使用できてもさほどメリットはなかった。

スマートフォンが旅先でもつながる――。この意味はとても大きい。


そもそも旅の話を抜きに考えても、スマートフォンの登場は非常に画期的だった。これまでＰＣでしか見られなかったウェブサイトや、ネット上のさまざまな便利サービスに、携帯の電波さえ入ればどこからでもアクセスできる。モバイルインターネット常時接続端末ならではの、スマートフォンに最適化された各種アプリが続々とリリースされ、ほとんどのことが手のひらの中で解決できるようになった。

ＩＴの世界では、技術の進化が著《いちじる》しくて、画期的な現象のオンパレードなのだが、中でもスマートフォン登場は間違いなく革命的と言っていいほどに画期的だったと思う。

新しいデジタル機器やサービスが登場したときに、それがどれだけ画期的なのかを見極める僕なりのポイントがある。それは、「速く快適にする」ものよりも、「これまでできなかったことを可能にする」もののほうが価値があるという考え方だ。

たとえばわかりやすくＰＣを例にしてみよう。ＣＰＵやメモリといったマシン性能を左右する技術は、年月の経過とともに向上していく。何年も使い古したＰＣを買い換えると、体感できるほどに一気に快適になるのはうれしいことだが、デジタル世界ではこれはもはや必然であり、個人的には目新しさは感じない。

一方で、同じだけのお金を使ってＰＣ本体ではなく、これまで持っていなかった周辺機器を導入してみると、どうなるか。デジタルカメラ、プリンター、スキャナー、無線ＬＡＮルーター……。あくまで例なのでとりあえず何でもいいが、それらを導入すればＰＣ本体だけではできなかったことが実現するのはイメージしていただけるだろうか。

つまり何が言いたいかというと、スマートフォンはモバイルインターネットの旧来の常識を劇的に変えたのだ。僕にとっては目からウロコだったし、投資するプライオリティが最も高いものとも言えた。

旅をするようになってから、常にこの「モバイルインターネット」に関心を注いできた。簡単な自己紹介を兼ね、最初に少し書いてみたい。

僕の初めての海外旅行は、世界一周旅行だった。それも勤めていた会社を辞めての新婚旅行。2002年のことだった。

その旅にノートPCを持って行った。自分のぶんと奥さんのぶんの計2台。いまでこそ、海外旅行にPCを持参するのも珍しくはなくなったが、当時は圧倒的に少数派だった。旅先で撮ったデジカメ写真の母艦として、旅の日記を綴るノート代わりとして、ゲストハウスでの暇な夜にDVDを鑑賞したりゲームをする、癒しのツールとして、PCは大活躍した。

そして、旅先から自分たちのホームページに日記や写真をアップするための最重要ツールでもあった。「世界一周デート」と名付けたそのホームページは、当時は同種のサイトが珍しかったこともあり、雑誌などでもしばしば取り上げられるようになり、帰国後には旅日記が書籍として出版された。結果的にそのホームページが、僕が本を書き始める直接のきっかけになったというわけだ。

世界一周デートから帰国した後は、再び会社勤めの、いわゆるサラリーマン生活が始まった。少ない休みをやりくりしながら、週末や連休などを駆使して国内外あちこち旅して回るようになったのだが、それらの旅においても、僕は必ずPCを持参した。PCのない旅なんて考えられないぐらいに、僕にとってPCは旅の重要な相棒になっていた。

僕の旅熱はエスカレートし続け、年を追うごとに渡航回数が増えていったが、それは同時に旅先でのモバイル環境の進化をまざまざと見せつけられた期間でもあった。

最初の頃はモデムでのダイヤルアップ接続が主体で、通信料金を気にしながらちまちまとネットをしていた。国によっては通信速度が苦痛なほどに遅く、Ｙａｈｏｏ！のトップページを開くのに５分以上かかるなんてザラだった。その後、世界中のあちこちでＷｉ－Ｆｉ（無線ＬＡＮ）でＰＣをネットにつなげられるようになった。インフラが貧弱な途上国であっても、低速のＡＤＳＬぐらいの速度は出るし、空港の手荷物検査場でも、カバンの中にＰＣが入っていないかを訊かれる頻度が増えてきた。

さらに時は流れて――２００７年頃だったと思う。当時はまだ日本では発売されていなかったｉＰｈｏｎｅを、旅先で見かけるようになった。情報だけはネットで見てどんなものかはある程度知っていたが、実物を見せてもらって衝撃を受けた。

「これがあれば、ノートＰＣがなくてもネットできるじゃん！」

やがて周回遅れながら日本でもｉＰｈｏｎｅが発売され、僕も飛びついた。日常生活はもちろん、旅先にも積極的に持って行って活用するようになった。ｉＰｈｏｎｅに対抗するように、Ａｎｄｒｏｉｄなどほかのスマートフォンも爆発的に普及し始めた。当初は通信料金がネックだったが、端末が普及するにつれ徐々に解決されてきている。

ここで冒頭の話に戻ろう。飛行機が目的地に着いて、スマートフォンのフライトモードを解除する。その瞬間手のひらの端末がオンラインになり、ネットにつながる。メールを軽くチェックし、続いてＴｗｉｔｔｅｒを立ち上げてつぶやく。

〈バンコク到着なう〉

自分の場合、最も頻繁に訪れるのがタイなので、さりげなく「バンコク」にしてみたが、これが〈香港到着なう〉でも、〈ニューヨークＪＦＫなう〉などでもよいだろう。「〜なう」は、Ｔｗｉｔｔｅｒでの独特の言い回しだが、これほど旅に合う表現ツールもないと思っている。Ｔｗｉｔｔｅｒについても本書では追い追い書いていくつもりだが、ひとまずここで重要なのは、「目的地に到着後即ネットで世界中とつながる」という事実だ。こんなことは以前は考えられなかった。まさに不可能が可能になったのだ。

さらに――。スマートフォンを持って旅するようになって、改めて心底たまげたことがある。いまや携帯の電波は空港や都市部に限らない。世界中のかなりのエリアをカバーしている。これまで秘境とされていたような僻地《へきち》であっても、僕が想像していた以上に電波が来ているのを実際に何度も確認したのだ。陸路国境付近の街では隣の国の携帯電波が入るほどだし、あえて一ヵ所挙げるなら、秘境の代名詞的存在であるかの有名なサハラ砂漠ですら画面上のアンテナは5本立っていた。

〈サハラ砂漠なう〉

そうつぶやき、リアルタイムに世界中とつながることができる時代が到来したのだ！　世界が狭くなったことを身をもって実感し、震えるような感動があった。繰り返しになるが、僕にとっては革命だった。

半面、旅がどんどんデジタル化することで、味気ないものになってきたと主張する声も聞く。それはそれで一つの考え方だろうが、僕はまったくそう思わない。むしろ、そういった逆風に対して真っ向勝負を挑むぐらいの心構えで本書を綴っていきたい。

デジタル化により、少なくとも旅は格段に便利になった。僕は図々しい性格なので、便利なものはとことん有効活用したほうがお得だと考えている。

それに何より、夢があると思うのだ。デジタル技術が進化し続け、旅も進化し続ける。その先に待っているであろう未来に想いを馳せると、興奮しないではいられない。

旅をさらにワクワクしたものにするために——。本書が手引書になれば幸いである。

はじめに
――「サハラ砂漠なう」とつぶやく時代―― 1
目次 10

1 旅とデジタルの親和性 15

旅はネットから始まる 16
「ネットのほうが安い」はおおむね事実 18
ネットでしかできないこと 22
いまの予約サイトに至るまで 28
旅先ネット環境昔話 32
そしてスマートフォンが登場する 36
スマートフォンの衝撃 40

2
旅先でもネットに常時接続する 45
「パケ死」が死語になる日 46
海外パケット定額を利用する 51
SIMロックなんていらない 55
SIMフリー・スマートフォンを入手しよう 59
海外旅行のお土産にSIMフリー・スマホを 65
iPhoneならアップル公式ショップで買うのが吉 67
現地キャリアのSIMで格安常時接続 72
プリペイドSIMカードは空港で入手せよ 77
スマホなら電話代もタダにできる 81

3
旅を進化させるデジタル道具 85
iPhoneとAndroidはどっちがよいのか 86
iPadなどタブレット端末の旅人ならではの使い道 90

旅先読書は電子書籍端末で 97
モバイルルーターかテザリングという抜け道 103
デジカメもスマートフォンと連携する 108
ガジェットの電源・充電はUSBに集約 113

4 旅の情報収集のためのネット 117

旅ほど価格差の大きな商品はない 118
ネット検索のリテラシーを磨く 124
効率的で迅速な情報収集を 130
旅情報を取捨選択する 135
ネットに頼り過ぎない旅人に 139
クチコミ情報を有効活用するための心得 142
いま目の前にある店が美味しい店か否か 149
国内旅行とインターネット 153

5 デジタル化がもたらす旅進化論 159
旅をデジタルで表現しよう 160
クラウドで旅人はノマド化する 163
デジタルで言葉の壁を越える？ 170
ガイドブックはどう電子化するべきか 175
ロンプラのｉＰａｄアプリから見える旅の未来形 183
おわりに
――デジタル依存型旅人―― 187

デザイン／尾原史和
堀康太郎
（スープ・デザイン）
イラスト／ダイモンナオ

1
旅とデジタルの親和性

旅はネットから始まる

「来月の連休あたり、どこか旅へ行こうかな」

ふとそんなことを思い立ったとき。行き先をどこにするのか、予算はどのぐらいなのか、誰と行くのか、などなど頭を駆け巡るあれこれに旅のイメージを膨らませているうちに、いてもたってもいられなくなり、ネットで旅行サイトをチェックし始める、なんて経験はないだろうか。

旅の計画を思い立ったら、まずはネットで——そんな流れもだいぶ定着した感がある。一昔前であれば、駅前の旅行会社の店頭にずらりと並んだパンフレットをかき集めることから、旅の準備を始めたかもしれない。もしくは、旅行情報誌や新聞の広告を見て、電話で問い合わせをするやり方もあっただろう。それらアナログな方法が別に完全に廃《すた》れたわけではもちろんないのだが、忙しい現代人にとっては、ネットのほうが遙かに手軽だ。目の前にあるPCで簡単に調べられるのだから、わざわざ時間を割いて店舗へ足を運んだり、電話をかけたりしなくてもいいと考えるのは自然の流れだと思う。

「ふむふむ。台湾2泊3日で2万9800円か。食べ物美味しそうだなあ」

マウスをクリックしながら、画面上の旅行サイトに表示される金額を見て、いよいよ旅が現実味を帯びてくる。次にすることは、実際に予定の日程で空席があるかのチェックだろうか。連休など混む時期であれば、1ヵ月前ともなると、激安ツアーはあいにく満席となってしまっていることも少なくないかもしれない。

「あらら。席ないのかあ。う〜ん残念」と落胆したときには、すでに気持ちが高まってしまっている。いまさら諦《あきら》めるのもなんだか悔しい。

「ほかのツアーはどうだろうか。もう少し予算を上げたら、席が取れたりして……」

さらに検索を続けているうちに、席の取れる商品に出くわしたとしよう。そのときには、もはや引き下がれない段階にまで旅への欲求が達していたりする。最初に見つけた2万9800円よりは多少高くなるとしても、金額が許容できる範囲だったとしたら……。

「明日になったら、席がなくなってたりしたらイヤだしなあ」という根拠のない焦燥感から、「予約」ボタンを思わずポチッとしてしまう。名前や住所など必要情報を入力していくと、最後にクレジットカード決済の画面になる。ここで少しだけ逡巡《しゅんじゅん》する。

「このまま勢いで予約しちゃって大丈夫かな。ほかにもっといいプランがあるかもしれないしなあ。でも、思い立ったが吉日って言うし、台湾でグルメ三昧《ざんまい》は魅力だしなあ」

ちょっぴりためらいは生じつつも結局、「支払」ボタンをポチッとする。その瞬間、来月の連休に台湾旅行へ出かけることが決まった。

いかがだろうか？　少々極端な例ではあるが、あながち珍しいケースでもない気がする。実際にはもう少し検討を重ねたり、家族や同行者とのすり合わせなども必要になるかもしれない。ただ、少なくとも僕には、まさにここまで書いてきたような経験があるし、最近では、旅行の計画は百パーセント、ネットのみで済ませるようになった。

調べて、予約して、支払う——旅を計画するうえでの一連の流れが、ネットだけですべて完結する。自分の好きなときに、好きなだけ時間をかけて検討できる。いざ申し込もうと思ったら、その場で迅速に座席を押さえられ、購入まで完了する。

いまや、「旅はネットから始まる」のである。

「ネットのほうが安い」はおおむね事実

旅のネット予約は便利なだけでなく、料金的なメリットがあることが大きい。

販売側からすれば、店舗がないぶん経費が安くなるのだから当たり前。旅行以外でもネット通販で買える商品が実店舗よりも値段が安くなるのと基本原理は同じなのだ。

その典型的な例を一つ挙げると、ＪＡＬやＡＮＡの国際線航空券がわかりやすいだろうか。２００９年から、実店舗での発券に関しては１件あたり２１００円の手数料がかかるようになった。さらに２０１１年10月以降は、ＡＮＡは５２５０円に値上げするという。この手数料は、ＪＡＬやＡＮＡのサイト上から発券する限りは発生しないのである。利用者としては、ならばネットで、という気持ちになる。

近年の旅行業界の動きで特徴的なのが、航空券を航空会社自らが利用者に販売する動きだ。旅行会社を通さないため、中間マージンを抑えられるし、利用者へもより安く座席を提供できるようになってきた。いわば直販であるが、そのための手段として航空会社はネットを積極的に活用しているというわけだ。

ＬＣＣ（ローコストキャリア）と呼ばれる、低価格を売りにした新興の航空会社が話題だが、ＬＣＣの販売手法もネット直販が主体だ。というより、ＬＣＣの場合には、自社のサイト上から航空券を予約してもらう形が基本である。エアアジアがＪＴＢなど一部の旅行会社とタイアップしてツアー商品も出しているが、あれはあくまで例外にすぎない。

直販の流れが加速すると、どうなるか。そう、旅行会社が確実に苦しくなってくるだろう。自分のところを通す必然性が薄れるのだ。日本の場合、航空券だけを買う個人旅行者よりも、ツアー客のほうがまだ主流だと思うので、それでもなんとかなっているが、これまでと同じやり方は通用しなくなり始めている。

旅行会社に勤務するある友人は、こんなことを愚痴っていた。

「うちで買うよりネットから買ったほうが安いですからね。実はうちの会社もネットで安い航空券を探して、それに手数料を加えて転売することもあります。もともと航空券販売は利益が少ないので、航空券だけをいくら売っても、商売にならないのですが」

同じような悲鳴は、僕の周りでよく聞く。航空券の販売を主体としている、ある零細の

羽田からクアラルンプールまで片道5.000円～というキャンペーン料金はインパクト大だった。2011年11月から就航した関空線では片道3.931円～と、さらなる格安ぶりが話題だ。
エアアジア
（http://www.airasia.com/jp/ja/）

旅行会社を経営する知人の社長の話はさらに切実だった。

「もういつまで持つか、って感じです。ツアー商品を開発したりしてしのいできましたが、あと数年で店じまいして田舎にでも引っ込もうと思ってますよ」

切ない話ではあるのだが、あえて冷たい言い方をするなら、これぱかりはもうどうしようもない気がする。資本主義経済なのだから、価格競争力のある商品、よりユーザーフレンドリーな商品に客が流れるのは避けられない。

ただし一方で逆に旅行者の側から見れば、歓迎すべき状況になってきている。ネットの登場により、より便利に、そして安く旅行できるようになってきたのだ。

海外旅行だけではなく、国内旅行もネット予約が常態化しつつある。というよりむしろ、国内旅行のほうが、ネット予約の環境は一歩進んでいる印象を受ける。

とくにホテルは、ネット予約がだいぶ一般化してきていると思う。やはりネットのほうがたいていは安いし、温泉旅館専門、高級シティホテル専門など、ホテルのジャンルごとに予約サイトも細分化されるほど、予約サイト業界は成熟している。ホテル側もネット専用客室を確保したり、プロモーション料金を打ち出すなど積極的にネットへの対応を試みているようだ。また国内だと出張のためのビジネスホテルの需要があるが、空室状況がリアルタイムで表示され、当日予約もＯＫなネットには大きな利便性があるだろう。

とはいえ海外旅行にしろ国内旅行にしろ、まだ一定のアナログ・ニーズはある。ＰＣに馴染まない中高齢者層の存在だ。いわゆる団塊の世代に該当する僕の両親などはまさにそうで、ときおり日帰りのバスツアーなどに出かけるのだが、ネットで旅行を予約するなんて考えもしないようだ。

「ネットで予約したほうが安いよ」と僕がいくら力説しても、両親にとっては未知の世界へ飛び込む勇気や柔軟性はないらしい。

これがジェネレーション・ギャップというやつか――驚かされるが、旅行者としては、利便性や割引料金といった恩恵を受けられるネット世代でよかったと思うばかりである。

ネットでしかできないこと

「利便性と料金面での魅力はわかったけど、それだけ？　ならアナログでいいよ」

僕の両親ではないが、頑固な方々の中にはなおこう感じる人もいるかもしれない。ハッキリ言って利便性と料金面でのメリットがあるだけでも、大きなアドバンテージになると思うのだが、この際とことんネット予約の魅力を紹介してみたい。

ネットでしかできないことは、もちろんある。そしてネットでしかできないことを使いこなせるようになると、予約手順そのものが変わってくる。

航空券購入を例に考えてみよう。たとえば、8月19日に成田からシンガポール旅行へ出かけると仮定する。航空券予約サイトで検索をかけると、その日に予約できる航空券の候補がいくつか出てくるだろう。たぶん多くの人は、料金の安い順に見ていって、出発時間やどこの航空会社なのか、などを吟味しながら検討するだろう。マイルをためたいなら、自分がためているアライアンス（航空連合のこと。スターアライアンス、ワンワールド、スカイチームなど）に属する航空会社がベターだ。

ところが、僕のやり方は少し違う。まず最初にするのは——8月19日の成田〜シンガポールの運航便の一覧を取得する。ひとまず、選択肢としてはどんなものがあるかを一通り把握するのだ。予約サイトで検索して出てくるのは、運航便の選択肢ではなく、航空券の選択肢である。同じ航空会社の同じ便でも、航空券としては条件によって複数の種類があるから、検索結果には便の重複が多く含まれることになる。それよりも、まずは自分がどの便に乗るかで検討したいというわけだ。

なぜそうするかは、本書の本題からは逸《そ》れるし、紙数の都合で省くが、少し考えれば想像がつくだろう。簡単に言えば、限られた選択肢ではなく、存在しうるすべての選択肢を理解したうえで選んだほうが、結果的に効率的だからだ。

ともかく、これはアナログ時代には難しいことだった。書店で売られている時刻表を買ってきて調べるという手もなくはないが、フライトの発着時間などは随時変更が生じるものなので、書店に並んだ時点での情報が最新だという保証はない。それにそもそも、わざわざ時刻表を買って調べるなんてやり方は面倒くさいし、実践している人はよっぽどのマニアか業界関係者ぐらいだろう。

一方でネットだと、常に最新状況に更新された情報を入手できる。調べ方はいろいろあるが、最も手軽なのは空港のサイトだ。成田空港の公式サイトで、簡単に検索できる。関空のサイトも同様だ。ただし、日本国内発着でない場合にはこの方法は使えないし、空港を限定しない方法のほうがより汎用性は高いだろう。そういった情報を調べられるサイトはいくつかあるが、日本語対応のものとしてはイーツアーのサイトにある「海外航空便のスケジュール検索」あたりが有名だろうか。

僕自身は、米グーグルのフライト検索機能を利用することが多い（日本版グーグルではまだ未対応なので、米国版グーグルから検索する）。たとえば成田発バンコク行きのフライトを調べたい場合には、検索窓に「flights from nrt to bkk」と入力して検索をかける。すると、一発ですべてのフライトが表示される。覚えておくと便利な機能だ。

加えて最近では、iPhoneやAndroidのアプリでも同様の情報が調べられるようになった。「FlightTrack」というアプリで、検索結果を保存しておくと随時情報が更新され、発着時間が変更になった場合にも一発でわかる。航空券を決める前段階から、実際に乗る段階までフォローしてくれるかなり心強いアプリだ。iPhone版は450円、Android版は413円と有料ではあるが、スマートフォン持ちの旅人にとっては必須

旅人必須アプリの一つ「FlightTrack」。航空便の検索から、飛行ルート、遅延・欠航、搭乗口の情報まで調べられる。

ツールの一つだと思う。

いざ出発の日に空港へ行ってみたら、自分が乗る便の出発が遅れることが判明して落胆したという経験はないだろうか？　FlightTrackを使えば、当日空港へ向かう前の時点で遅延情報をキャッチすることだって可能だ。しかもわざわざPCを立ち上げる必要もなく、手のひらのスマートフォンが教えてくれる。もうそういう時代なのだ。いずれにしても、ネットならではの情報取得術である。

出発段階の話になったついでに書くと、ここでもネットでしかできないことがある。チェックインである。空港へ行く前の時点で、ウェブ上からチェックインを済ませてしまえるのだ。混雑時にチェックインカウンターの長い行列に並ばなくて済むのは、大きなメリットだろう。さらにANAの利用であれば、これまた「ANA GLOBAL」という専用のiPhoneアプリが用意されていてPC要らずだ。

チェックイン以外でも、ネット予約だと事前座席指定も行える。画面上に搭乗機のシートマップが表示され、自分が座りたい座席を好きに選べるのだ。あらかじめ指定しておけば、当日空港へ行くのに出遅れて、もういい席が残っていなかった……なんて落胆しなくて済む。

なお事前座席指定は後から変更も可能なので、出発直前になってもっといい座席が空いたら、そちらに変えるなんてこともできる。キャンセル客の空き席の調整や、未開放にしていた特定座席（非常口付近＝足が伸ばせる）がオープンになったりするので、出発前日あたりに航空会社のサイトを開いて、再度座席を見直すのも小技の一つであることは書き加えておこう。

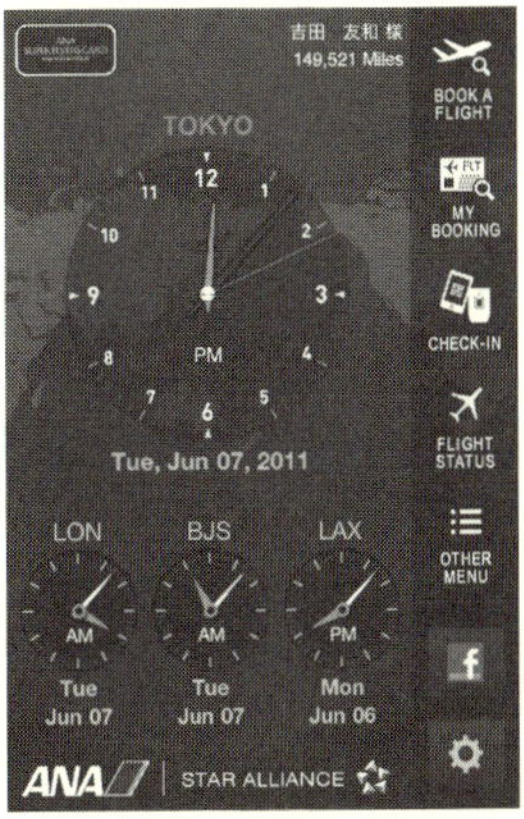

「ANA GLOBAL」は、ANA国際線をよく利用する人に便利。ANAはほかにも旅の情報サイト「旅達」の専用アプリや、iPad向けに同社の機内誌「翼の王国」が無料で読める「ANA Virtual Airport」なども提供している。

いまの予約サイトに至るまで

ネット予約のメリットについて再三述べてきたが、ここに至るまでの道のりは案外長いものだった。その辺を少し振り返ってみたい。

航空券やホテルの予約サイト自体は、僕が本格的に旅を始めた10年近く前の時点ですでに存在していた。といっても当時は、まだまだアナログのほうが主流であり、予約サイトのバリエーションも限られていた。

僕はインターネット専門誌の編集者をしていたこともあり、膨大な数のサイトを日々見続けてきたが、旅行系サイトは他ジャンルよりも技術的にもサービス的にも遅れている印象を受けてきた。他ジャンルのサイトでは当たり前にできることが、旅行サイトではできない。これはジレンマだった。

この10年の間に、旅行会社の多くが自社のサイトを立ち上げ、サイト経由での集客を試みるようになったのは周知の事実だが、それらはアナログ手法の延長に過ぎないものだったと思う。「オンライン予約」をうたいながら、結局できるのは検索だけで、実際に予約しようとしたらメールでのやり取りが必要だった。メール自体はデジタルだが、やり取りする相手は旅行会社の社員、つまりコンピュータではなく人間である。ということは、僕に言わせれば結局それはアナログなのである。

ブレイクスルーとなったのは、リアルタイム予約の登場だろう。空席状況の検索から実際の予約・発券までをコンピュータだけでようやく完結するようになった。老舗のサイトとしては「フリーバード」や「スカイゲート」などがある。僕は歓喜して飛びついたが、ネットに不慣れな人には、あまり一般的ではなかったかもしれない。

しかし後発ながら業界最大手のＪＴＢグループが「トルノス」というサイトを立ち上げ

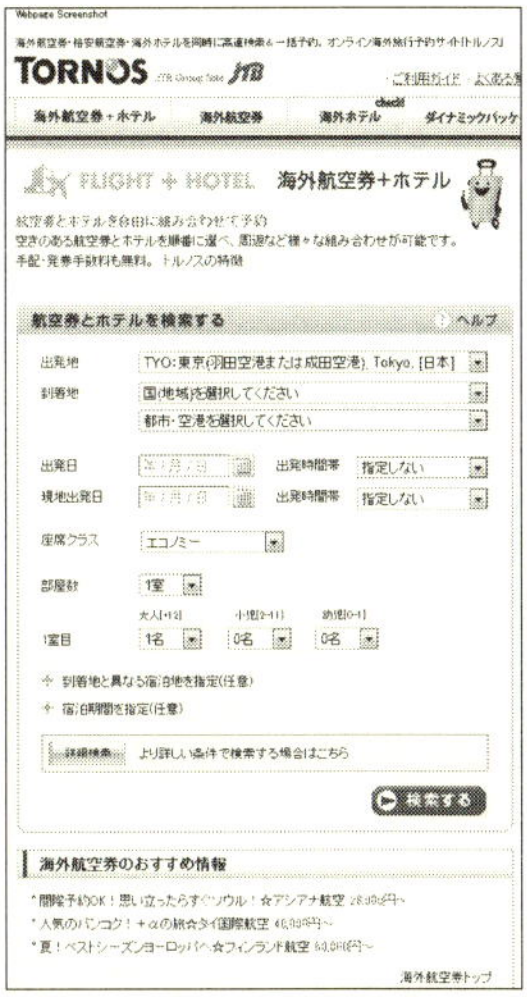

航空券リアルタイム予約サイトは、予約システム直結なので即時座席を確保できる。同じ条件で検索しても、サイトによって表示される航空券に違いがあるので要比較検討だ。
トルノス
(http://www.tornos.jp/)
スカイゲート
(http://www.skygate.co.jp/)
フリーバード
(http://www.free-bird.co.jp/)

た頃を境に、雑誌などでもリアルタイム予約サイトがしばしば取り上げられるようになったと記憶している。いまでは同種のサイトがほかにもいくつか存在するし、H.I.S.などでもリアルタイム予約に力を入れ始めたようだ。

それらのリアルタイム予約サイトでは、検索時点で空席があれば、即時予約・発券できる。オンライン予約ということは、そんなことはできて当たり前だと思うのだが、従来の予約サイトの多くでは不可能だったのだ。だから、リアルタイム予約かどうかが、日本の旅行予約サイトの変遷を語るうえでの一つの区切りだったと僕は感じている。

国内旅行に関しては、もう一歩先を進んでいた。急先鋒となったのはホテル予約サイトだった。黎明期《れいめいき》に最大の支持を得ていたのが「旅の窓口」だろう。当時はホテル予約といえば、「じゃらん」でも「Yahoo!トラベル」でもなく、「旅の窓口」だった。懐かしい話だが、「旅の窓口」はその後、楽天に買収され、いまでは「楽天トラベル」という形で存続している。楽天トラベルは出張向けの手頃なビジネスホテルの予約に強いのだが、それはまさに「旅の窓口」の特徴を受け継いだものだったことを、当時からの利用者ならばわかっているはずだ。

そして国内旅行に関しては、航空券もネット予約がすでにだいぶ普及していると思う。

JALやANAはもちろん、スカイマークやエアドゥなども自社サイト上で予約・発券が行えるし、利用者もすでにネット予約に馴染んでいる印象を受ける。

これは僕にとっては不思議なのだが、国内線はJALやANAのサイトで直接買うのに、国際線になるとなぜかJTBやH.I.S.で買う人がいることだ。そういう人は思いのほか多いはずだ。前述したように、国際線も航空会社のサイト上で簡単に買える。海外旅行となるとツアーを選ぶから……という理由の人はともかく、航空券だけを買うのであれば、国内線と同様に普通にJALやANAのサイトで買えば済む話だし、利便性や料金の面でもそのほうがずっとオススメだ。

国内線だと、バーコードや携帯電話をかざすだけで素早く搭乗まで行けるようになっている。翻って国際線も、国内線ほどではないもののチェックインなど多くの手順がすでにデジタル化されている。旅慣れた人にとってはもはや常識だが、広く一般に浸透しているかと言われると残念ながら首をかしげることになる。国際線予約もPCやスマートフォンでネットから、が当たり前になる日もそう遠くないと期待したい。

ネットカフェは旅人どうしの出会いの場所でもあった。いまとなっては懐かしい話だが……。写真はバンコクのカオサンの店。

旅先ネット環境昔話

旅行のデジタル化について、ネット予約の話を中心にここまで見てきたが、続いて、いざ出発したあとの話に移ろう。旅先でのネット環境について、僕自身の体験をベースにおさらいしてみる。

僕が本格的に旅を始めた2002年当時の環境は一体どんなものだったか。日本ではADSLが普及し、家庭内でのインターネットの常時接続も一般化していた。OSはウィンドウズXPが出て間もないぐらいで、携帯電話にはまだ限られた機種ではあったが、カメラが付き始めた頃だった。

会社を辞め、当時としては最高性能の「レ

ッツノート」というモバイルノートPCを持って世界一周へ旅立ったのだが、あまりの技術格差に驚いたのをいまも記憶している。

いやはや、日本のIT環境は素晴らしかったのだ。

最初に東南アジア、続いてアフリカという順番で回ったせいもあるだろうが……。ネットなんて期待できないレベルの安宿ばかり泊まり歩いていたから、基本は街のネット屋へ出向いてネットをする形だった。

ちなみに「ネットカフェ」という言い方があるが、東南アジアなどで広く見かけるそれは「カフェ」ではない気がする。飲み物を置いている店もあるが、基本的にはネットにつながったPCが置かれているだけで、「ネット屋」とでも言ったほうが似つかわしい。日本のマンガ喫茶兼ネットカフェとは完全に別物だ。

それでそのネット屋へ行くとする。常時接続なんてあり得なかった。店内のモデムでダイヤルアップ接続したアナログ回線を複数台のPCで共有する形。通信速度はとにかく遅い。日本のADSL回線を知ってしまった身からすると、イライラを通り越して呆れるレベルだった。

さらに店のPCは、OSはまだウィンドウズ98のところが大半だった。中にはウィンドドウズ95のところもあった。ウィンドウズＸＰ以降改善されたが、それ以前のＯＳになると、外国語のマシンだとそのままでは日本語のサイトを表示できないのは、日本人旅行者にとって一つの大きな課題だった。旅行者が集まるバンコクのカオサンなどでは、このことに目をつけて、「日本語ＯＫ」「JAPANESE」といった表示を軒先に出してアピールしている店もあったほどだ。

表示だけならともかく、メールを書くのに日本語入力ができないのは致命的だった。そこで日本語ＩＭＥ（入力ソフト、ＭＳ－ＩＭＥやＡＴＯＫなど）のソフトを店に持ち込んで、インストールすることから始めるのだが、そこまでしないと思うようにネットができない時代だったのだ。加えて前述した回線速度の遅さ……。

ハードウェアもいまとは比較にならないほどに貧弱だった。日本語ＩＭＥを持ち込む際のデータメディアなんてフロッピーディスクである。日本では当時にしてはまだ珍しいＵＳＢメモリもすでに存在したので僕はそれを持っていたが、ＵＳＢメモリはウィンドウズ98だとＰＣに挿しただけでは認識せず、ドライバソフトを組み込まなければならない。容量もいまのように何ギガとかではなかったし、ＵＳＢの規格も１・１というバージョンだ。ＵＳＢは１・１だと現在一般的な２・０や、少しずつ出回り始めている３・０と比べると劇的に遅く、データ転送においては実用的ではない。

そもそも、ネット屋へ行けば必ずネットができるというわけでもなかった。街によっては停電していたり、電気は生きていてもプロバイダのサーバーが落ちていてネットにつながらなかったり、なんてことがしょっちゅうあった。ゲストハウスの部屋でホームページにアップするための原稿を書いて、それをフロッピーに入れて意気揚々とネット屋へ向かったら、ネットができなくてトホホな気分を味わわされたのも一度や二度ではない。

その世界一周旅行は予定以上に長引き、帰国したのは2004年だった。1年半も旅していたことになる。帰ってきて自宅でネットに初めてつないだ瞬間は、あまりの快適さに感激し、「なんて日本は進んでる国なんだろう」と涙が出そうになった。

だが、それらはいまになって振り返れば、ただの昔話に過ぎない。帰国後はチャンスを見つけては短期旅行に積極的に出かけるようになったが、訪れるたびに現地のネット環境は進化していた。「はじめに」でも書いたことなので、一つ印象的なエピソードを紹介すると、ネパールの例がわかりやすいかもしれない。2002年の世界一周で訪れた国々の中で、最もネット環境が乏しかった国の一つだ。

ホットメールを開くのに10分も待たされたり、それこそ停電や断線が頻発していたようなあの国のネット環境が、2010年に再訪したときには見違えるように進化していたのだ。バックパッカーが集うタメル地区のゲストハウスに僕たちは泊まったのだが、その宿にはWi－Fiが完備されていて、ロビーはもちろん部屋の中でもネットに接続できた。もちろん常時接続だし、宿泊客であれば無料である。

ネパール自体は度重なる政変の影響もあり、ほかのアジア諸国が目覚ましい経済発展を遂げている状況と比較すると、拍子抜けするほどに発展していなかった。相変わらず停電はたまにあって、そのときにはルーターの電源なども落ちるため、ネットも使えなくなる。日本はいまや光回線なので、速度についてはやはり「遅いな」という感想も持った。けれど、それでもネット環境だけに関していえば、当時のことを思えば隔世の感があると僕は感じた。

そしてスマートフォンが登場する

そのネパールの旅で驚いたことがもう一つあった。

現地の若者たちの中に、iPhoneを持っている者がちらほらいたことだ。2010

年時点では、すでに日本でもｉＰｈｏｎｅは急速に支持を得始めていて、「ｉＰｈｏｎｅ４」が間もなくリリースされるというタイミングだったから、「ああ、ネパールにもあるんだなあ」ぐらいにしか思わない人もいるかもしれない。

しかし、ネパールは世界の最貧国の一つだ。一人当たりのＧＤＰが約５６２ドルで、平均年収が３００ドル以下の国である。実際に行ったことのある人ならわかるだろうが、アジアの中でも飛び抜けて貧しさを感じさせる光景が広がっている。そんな国でも持っている人は持っているのだ。

ｉＰｈｏｎｅの人気にはすさまじい勢いがある。２０１０年4月時点でアップルは全世界での累計出荷台数が５０００万台を突破したと発表している。電話機能のないｉＰｏｄ ｔｏｕｃｈも含めると、８５００万台を超えるそうだ。現時点では、さらに上積みされているのは間違いない。すでに1億台を突破したとの報道もある。

ここ数年の間に僕はかれこれ30ヵ国程度訪れたが、どこへ行ってもｉＰｈｏｎｅ、ｉＰｈｏｎｅである。ヨーロッパの先進国はもちろん、アジアの新興国でもｉＰｈｏｎｅを見かけない日はないといっても過言ではない。僕自身がその種のアイテムに関心があるせいか、普通の人より注意深く観察しているというのはあるだろう。けれど旅していて、

中国・北京市内のアップルストアは大盛況だった。旅しているとiPhoneを世界中で見かける。

ｉＰｈｏｎｅが世界中で広く市民権を得ている印象を受けた。

たとえばネパール並みに貧しいとされるアフリカの島国マダガスカルへ行ったときには、首都アンタナナリボの空港の建物を出たら、目の前に大きなｉＰｈｏｎｅの広告看板が立っていて衝撃を受けた。空港といっても、「飛行場」と呼びたくなるようなこぢんまりとした、いかにも田舎っぽいところである。輝くようなｉＰｈｏｎｅの看板だけが、周囲の光景から浮いていたのが強く印象に残っている。

初期のｉＰｈｏｎｅは通信方式が日本では採用されていないＧＳＭ方式のみに対応したものだったため、日本国内での販売はなかった。遅れること1年後の2008年、ようやく3G対応モデルが登場し、日本でもソフトバンクモバイルから発売されるのだが、最初のうちはガジェット好きやマック愛好家など一部の新し物好きが飛びついたのみで、携帯電話全般で見れば、いまのような勢いはなかった。

その間、海外では着実に浸透し始めていた。僕がiPhoneを初めて見たのも、旅先でだった。あれは確かバンコクだったと思う。BTSと呼ばれる市内電車の車内で、iPhoneをいじっている若者を見つけた。

「あれが噂のiPhoneか……」羨望《せんぼう》の眼差しでちらちら見やったが、その当時は買って帰っても日本では使えなかったので、グッと堪《こら》えるしかなかった。

もちろん、iPhoneだけでなくAndroidも同様にいまや世界中あちこちで目にする。日本ではいまいち人気がないが、海外ではBlackBerryもよく見かける。BlackBerryはあのオバマ大統領が大統領選で手に持っていた黒い端末だ。

いずれにしても、いわゆる「スマートフォン」と呼ばれる情報端末が、いま全世界的に新しい潮流となりつつある。いや、「なりつつある」というより、「当たり前のもの」として存在感を放ち始めた。

電話でありながら、通信端末としての役割を持つこのスマートフォンが、旅を劇的に変えることになる。

スマートフォンの衝撃

旅先ネット環境は、低速なダイヤルアップ接続のネット屋から、Ｗｉ－Ｆｉを経て、ついにはスマートフォンの時代が到来した。それは少なくとも僕にとっては革命だった。

では何がすごいのか――。いろいろあるけど、やはり一番は、「携帯電話の電波さえ入れば、どこにいてもネットができる」ことだろう。

Ｗｉ－Ｆｉがいくら普及したといっても、携帯電話インフラと比べれば比較にならないほど規模は小さい。仮にＷｉ－Ｆｉの電波が来ていたとしても、それらはクローズドなネットワークに過ぎない。

スマートフォン以前、僕は旅先ではＷｉ－Ｆｉの電波を探してウロウロすることも多かった。カフェやホテルのロビーなどに用意されたＷｉ－Ｆｉにつないだり、俗に「野良電波」と呼ばれる、設置者の意図とは関係なく電波が漏れていて、しかもセキュリティがかかっていなくて誰でも使える状態のＷｉ－Ｆｉにこっそりつながせてもらったり。Ｗｉ－Ｆｉはつながりさえすれば便利だが、それこそケースバイケースだ。電波を探して散々あちこち行った挙げ句、結局つながらずに徒労に終わるケースも珍しくなかった。「いつでも好きなときにネットができる」状態とは、ほど遠かったのだ。

その壁を乗り越えたのがスマートフォンだった。実際の使用感や接続方法については、次章で詳しく見ていくが、日本国内はもちろんのこと、海外旅行でも手のひらの中のスマートフォンでいつでもネットにアクセスできるようになった。これは衝撃だ。

たとえば、旅先の観光地で何か調べ物をしたいと思ったとする。どこでもいいが、仮に中国の万里の長城へ来ていたとしよう。

「ところで、万里ってキロにすると何キロになるんだろう？」

そんな素朴な疑問が頭に浮かんだなら、手元のスマートフォンでネット検索すれば一発で答えを教えてくれる。ついでにウィキペディアを見てみると、万里の長城の成り立ちや特徴などもその場ですぐに理解できる。これならガイドブックも必要ない。

旅に出ると、知識欲がうずうずしてくるという人はきっと少なくないはずだ。これは何だっけ？　あれは？　と次々と思い浮かぶ疑問も、スマートフォンで即時解決できる。

もっと俗っぽい疑問でもいい。

「この街で美味しい店はどこだろう？」

これもガイドブックなんていらない。スマートフォンでネット検索すれば、いくらでも有益な情報が見つかるだろう。国内旅行であれば「食べログ」のようなクチコミサイトも使える。店を決めたら、そのままスマートフォンの地図を起動して、住所から該当箇所の地図が表示される。現在自分がいる場所からの行き方や、徒歩の場合、車の場合での所要時間まで全部教えてくれる。

そう、スマートフォンをナビとして活用すると、その旅先での魅力がさらに増す。目的地がどこにあるのか、だけでなく、たとえば道に迷ったときにも心配いらない。

スリランカで街から街へとバス移動していたときのことだ。スリランカは国内線の空路がないため、移動は列車かバスになる。道は悪路とまではいかないものの、ところどころガタガタで、バスは前の座席との間隔が狭すぎて、足を縮こめる必要があった。そんな移動の車内で、僕はスマートフォンの地図で現在地を表示させていた。

「到着まであと50キロもあるのか。これは、まだ当分かかりそうだなあ」

そんなことまでわかってしまうのだ。一昔前の旅では考えられないことだった。

タイのシンハービールのロゴをあしらったiPhone用ケース。実にイマドキっぽい旅のお土産だと思う。

バックパッカーとして旅していた当時は、この手の中長距離バスには何度も乗った。というより、そんなバスを日々乗り継いでいく旅だった。

陸路で移動していると、たまに自分がどこにいるのかがわからなくなる。バスが休憩タイムで停まった街は、全然見知らぬところ。「いま自分がいるのはどこだろう……。この街はなんていう名前だろう……」

英語が通じればその場で聞けば済むのだが、僻地へ行くほどそれは難しくなる。そんなときにスマートフォンの地図で現在地を表示させる——やはり革命である。

ほかにもスマートフォンのメリットはたくさんある。これは「はじめに」でも書いたが、Ｔｗｉｔｔｅｒなどの「ソーシャルメディア」と呼ばれるサービスを利用すれば、旅先でも世界中の人たちとリアルタイムにつながることができる。

スマートフォンにはカメラが付いているから写真も撮れる。さらにはＨＤ画質の動画だって撮影可能だ。〈サハラ砂漠なう〉とつぶやき、その場でサハラ砂漠の写真でも撮ってアップするなんて朝飯前。つい最近、あの世界最高峰エベレストにも電波が到達したというニュースも見た。回線速度にもよるが、Ｕｓｔｒｅａｍなどの動画中継サービスを使えば、リアルタイム映像を世界中に発信することだって可能だ。

——なんて夢があるんだろう！　心の底から僕は思う。では、どうすればそんな夢のような環境を実現できるのか、次章で詳しく紹介していこう。

旅先でもネットに常時接続する

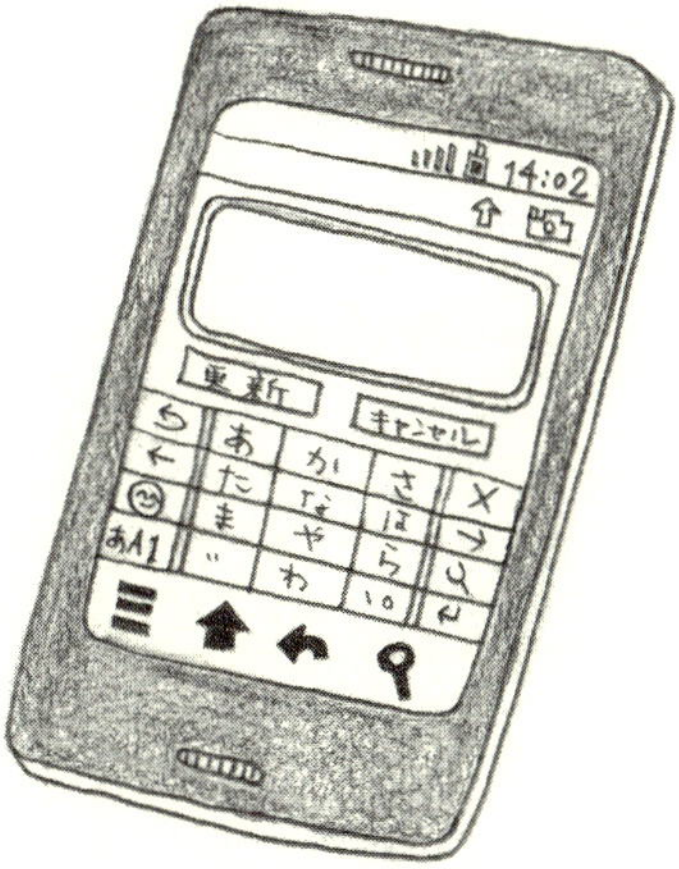

2

「パケ死」が死語になる日

「海外でもスマートフォンでネットに常時接続したい」

その願い自体は、もうだいぶ前から実現可能なものだった。ただし、通信料金を一切気にしなければ——当初はそんな条件付きでもあった。

日本の携帯電話会社（キャリア）は、海外でのローミング・サービスを提供している。普段使っている携帯を海外へ持って行っても、現地キャリアの携帯電波を利用できるというわけだ。海外ローミングが可能な国・地域は、キャリアによって異なるが、ドコモもソフトバンクもａｕも、日本人の多くが渡航するであろう主要国・地域はほぼ網羅しているると思ってよい。

海外ローミングの際には、通話だけでなく、通信機能を持った対応端末であれば、ネット接続も利用できる。スマートフォンであっても、現地キャリアの携帯電波でネットに接続すること自体は早くから可能だったのだ。

しかし、このとき問題になるのが通信料だった。海外ローミングは便利な半面、日本国内で使うよりもかなり割高な料金設定になっている。

「旅先から日本に電話を何度かかけたら、翌月の請求書の金額を見てびっくりした」

海外旅行で携帯電話を使ったことがある人なら、こんな経験をお持ちの方もいるのではないだろうか。料金は利用する国・地域によって異なるが、たとえばドコモの場合、ロンドンから日本にかけると1分あたり180円。もっと高い国だと、ポルトガルは1分280円、メキシコは1分380円もする。

しかもこれが要注意なのだが、海外での割り増し通話料金は、発信だけでなく着信した場合でも発生するのだ。かけた側ではなく、海外にいて電話を受けた側が負担する仕組みになっている。ロンドンにて日本からドコモの携帯宛てにかかってきた電話を受けると1分あたり110円がかかる。自分からは一度も電話をしなかったとしても、海外にいるときに誰かから電話がかかってきて話したら、通話時間によっては帰国後に高額な請求が届くことになるのだ。

このための配慮なのか、相手が海外にいるかどうかが、電話をかける際に発信音でわかるようになっているが、そのこと自体、海外に馴染みが薄い人にはあまり知られていないので、たいして効果はないようにも思える。

通話に加え、気をつけないといけないのはメールだ。電話番号だけで送れるＳＭＳ（ショートメール）は、海外にいるときに送信すると、1通あたり100円もかかる。ドコモのｉモードメールやソフトバンクのＳ！メール、auのＥメールといった、いわゆるキャリアメールについては、1通あたりではなくパケット量に応じて料金が変わるが、海外から送るとやはり割高だ。

通話やメールですらこんな状況だから、スマートフォンでネットに常時接続するような、とてつもなくパケット量がかさむ使い方をしたとしたら、青天井で利用料がかかってしまう。知らずに旅先でスマートフォンを使いまくっていたら、パケット通信料が何十万円という金額になっていた、なんて笑えない話がニュースを賑わしたこともあるから、ご存じの人もいるだろうか。パケット通信料が支払い不能なぐらい非現実的な額にまで達してしまうトラブルを、俗に「パケ死」などと呼ぶ。

スマートフォンは、自分では使ったつもりがなくても、アプリやＯＳが自動で通信を行うのが特徴だ。オンライン状態にしていると、それだけでお金がかかってしまう。海外へ出かけるときには、あらかじめ海外ローミングの設定をオフにするのが旅行者の鉄則だった。高額請求のことを考えると、とても海外で使う気にはなれなかった。海外でスマートフォンを使うこと＝パケ死を意味したのである。

状況が変わったのは、２０１０年7月のことだった。ソフトバンクが海外パケット定額サービスを始めたのだ。パケット定額サービスは国内ではすでに当たり前だったが、海外でも定額になるのは画期的なことだった。パケ死が怖くてスマートフォンの海外利用を躊《ちゅう》躇《ちょ》していた旅人にとっては、大きな朗報である。

　ソフトバンクの海外パケット定額の料金は1日あたり１９８０円。ただし、これは転送量25ＭＢまでで、25ＭＢを超えると上限は２９８０円に変わる。２０１１年6月30日まではキャンペーンとして1日１４８０円となっていたのだが、キャンペーン終了に加え、二段階制の料金体系になった。

　1日１９８０円と聞いて、安くはない印象を持つ人もいるかもしれない。けれど、いままで何十万円もかかるかもしれなかったことを考えると、決して高くはないと僕は思う。何ヵ月も旅するような人は別として、3泊4日から長くても1週間程度の旅行であれば、便利さと天秤《てんびん》にかけたうえで利用しようという気になれるレベルではないだろうか。

　またソフトバンクが始めたということは、海外でもｉＰｈｏｎｅが定額利用できることを意味した。明確なデータがないのでこれは僕の経験による憶測になってしまうが、ｉＰｈｏｎｅを使っている層と海外旅行好きは、少なからずかぶるのではないかと思う。

その意味でも、一つの大きな転機だったと僕は振り返る。

1社が始めたら、競合他社が追随するのは携帯電話の世界ではこれまでも幾度となく繰り返されてきたことで、すぐにドコモが同じような海外パケット定額サービスを開始した。料金はソフトバンクとほぼ一緒で、1日1980円だ。ただし、1980円は20万パケットまでと上限が決められていて、それを超えると1日の上限が2980円になる。同様にキャンペーン料金で当初は1480円だったが、ソフトバンクよりも3ヵ月早い2011年3月いっぱいでキャンペーンは終了してしまった。

さらにauに関しては、先行する2社に大きく遅れを取る形で、2011年3月に海外パケット定額を開始した。料金はやはり二段階制で、金額もドコモと同等だ。

ソフトバンクの海外パケット定額は、対応国・地域数が続々と増え続けており、現在67の国・地域で利用できるまでに拡大した。ちなみにドコモは57ヵ国・地域、auは70ヵ国・地域だ。いずれにしても、サービスとしては徐々に手厚いものになってきている。利用者にとってはうれしい限りだ。

「パケ死」という言葉が死語になる日も、そう遠くないことを期待したい。

海外パケット定額を利用する

では実際のところ、どうなのだろうか——。海外パケット定額サービスの使用感について、僕なりの見解をまとめておきたい。

ソフトバンクが海外パケット定額を開始して間もない頃、僕は二度目の世界一周旅行に出かけた。わずか12日間で10ヵ国を巡るという忙しい日程だったが、その旅において、海外パケット定額を大いに活用させてもらったのだ。端末はiPhone4で、ソフトバンクの定額サービス「海外パケットし放題」を利用した。細かな手順は異なるだろうが、ドコモやauについても使用感はさほど変わらないと思うので、参考にはなるはずだ。

まず前提として、海外パケット定額では、対応国・地域が決まっている。これは前項で紹介した通りで、キャリアによって異なる。

12日間世界一周のルートは、韓国、タイ、ドバイ（アラブ首長国連邦）、トルコ、イタリア、バチカン、ポーランド、イギリス、カナダ、アメリカだった。このうち、ソフトバンクの海外パケット定額に当時対応していなかったのはドバイ、ポーランド、カナダの3ヵ国だった。10ヵ国中7ヵ国で利用可能なのだから、及第点以上だと言えよう。なおドバイとポーランドについては、現在は対応国になっている。

対応していた7ヵ国のすべてで、僕は日本から持ってきたiPhone4でネット通信を行った。国によっては3Gではなく、旧世代の方式で通信速度が遅いGSMの通信規格GPRS／EDGEしか使えないときもあったが、都市部に関しては電波状況はおおむね良好だった。

あとでじっくり解説するが、僕は海外購入のiPhoneも持っている。その世界一周にも持参した。日本で手に入る端末と違ってSIMロックがかかっていないから、旅先の現地キャリアのプリペイドSIMカードを使えば安く通信できるのだが、世界一周のように複数の国々を渡り歩く旅だと、その都度SIMカードを入手するのも意外と面倒だ。この点、海外パケット定額なら、国が変わっても同じ端末のままSIMカードを意識することなく利用できるのは、メリットが大きいと感じた。

海外パケット定額の利用には、特別な手続きは必要ない。対応国・地域の対応キャリアの電波を使って通信すると、自動的に定額料金が適用される仕組みだ。ただし、この「対応キャリア」という点が非常に重要なので、触れておこう。

たいていの国・地域では、携帯電話キャリアは一つではない。日本にドコモ、ソフトバンク、auがあるように、それぞれの国・地域に複数のキャリアが存在する。スマートフォンを持ち込んで通信しようとすると、端末の規格が対応してさえいれば、それらのキャリアを好きに選択できるし、iPhoneなど端末によっては自動的にキャリアを選んで接続してくれることもある。

このとき、海外パケット定額に対応していない現地キャリアに接続するとどうなるか。そう、定額にはならないのだ。当たり前といえば当たり前なのだが、初心者が勘違いしやすい点だとも思う。だから、その国・地域のどの携帯電話キャリアを使えば定額になるかを、あらかじめソフトバンクのサイトなどで調べておく必要がある。そのうえで、現地に着いたら自動接続ではなく、設定画面を開いて手動でキャリアを選ばなければならない。これを怠ると、運が悪いとパケ死するので、重々気をつけるべし、である。

「設定が必要で、間違えるとパケ死か……」と聞くと、腰がひける人もいるかもしれないが、実際にはさほど難しいものではない。きちんと対応キャリアに接続できると、すぐにソフトバンクから「海外パケットし放題対象の○○に接続されました」というSMS（ショートメール）が届くのも、安心材料になるだろうか。またAndroid端末には、海外パケットし放題へ接続するための専用アプリも用意されている。

無事に対応キャリアに接続できたら――あとは日本で使っているのと同じように、自由自在に活用できるようになる。ブラウザでウェブを閲覧したり、メールを送受信したり、Twitterでつぶやいたり。どんなにたくさん使っても定額なので、気兼ねなく通信できる。まさに「し放題」なのである。

もう一つ注意点がある。海外パケット定額における「1日」とは何時から何時までを指すのか。これは日本時間で日付が変わる24時から24時間と定められている。海外だと日本とは時差があるし、その時差も国によって変わるが、どこにいても原則日本時間が適用されるのだ。これなら、複数の国・地域を渡り歩く旅でも混乱しないで済むかもしれない。

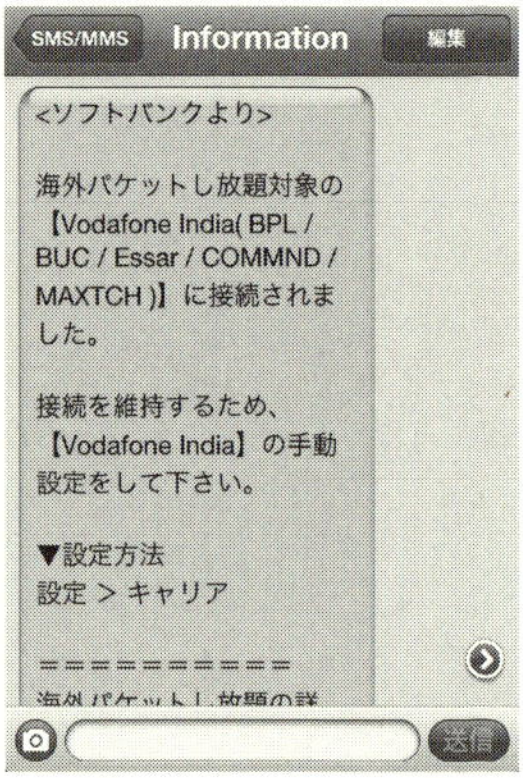

海外パケット定額対応キャリアに接続されると、このようなSMSがソフトバンクから自動で送られてくる。

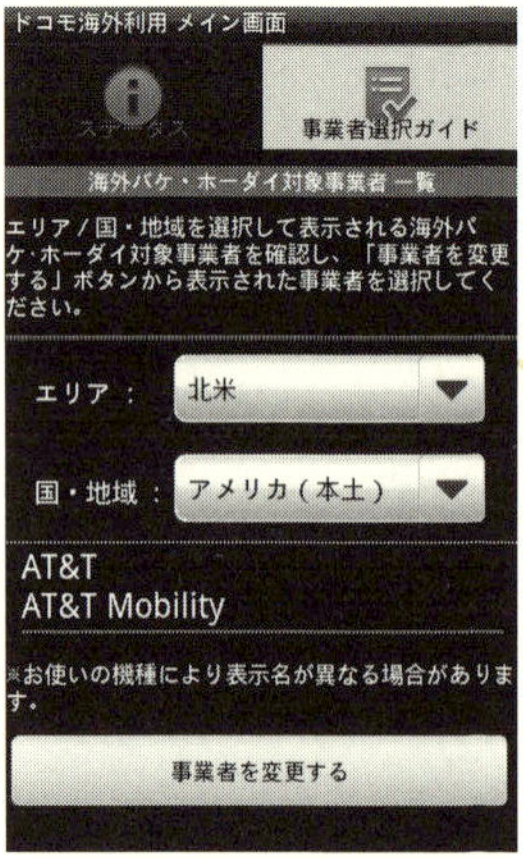

Android用には、海外パケット定額対応キャリアへ接続するためのアプリがドコモ、ソフトバンク、auから公開されている（写真はドコモ）。

海外パケット定額がない時代には、スマートフォンの海外ローミングの設定は常にオフが当たり前だった。これをオンにできる日がやってきたことは感慨深いものがある。

SIMロックなんていらない

海外パケット定額の登場によって、旅先でのスマートフォンの利用価値がグッと高まったのは間違いない。とはいえ、ここまでの話は、すでに実践している旅人も少なくないだろうし、いわば入門編だ。僕が本書で伝えたいことの核心はここからである。

利便性の非常に高い海外パケット定額ではあるが、同時に弱点も抱えている。

まず、対応国・地域が限られる点。たとえばソフトバンクで67ヵ国・地域と聞くと、たいていの国・地域では使えそうに思えるが、必ずしも主要国・地域すべてをカバーしているわけではない。先ほどの世界一周旅行の例だと、カナダなどは日本人の渡航先としては一定のニーズがある場所だが、対応していないのだ。ドコモやauでも、使える国・地域は制限される。

そして、最大の懸念材料はやはり料金だ。少し前に「決して高くはない」と書いたばかりで、矛盾した話に聞こえるかもしれないが、あくまでもこれまでのパケ死を覚悟で使うしかなかった状況との比較で「決して高くはない」と思うということで、絶対値として高いか安いかと問われれば、「もっと安くなるとうれしい」気持ちが本音である。それに短期旅行ではない比較的長めの旅となると、そうそう気軽に利用できるものでもない。1日に1980円でも、1ヵ月も旅したら6万円近くになる。

そこで解決策として提案したいのが、SIMロックフリー端末の入手である。

——SIMロック？　フリーって？

この用語も最近はだいぶ世間に浸透した感があるが、頭の中が「？」マークで一杯になってしまった人もいるだろうから、まずは「SIMロック」について説明しておこう。

日本で売られている携帯電話／スマートフォンには、SIMロックと呼ばれる制限が施されており、端末ごとに使用できるキャリアが固定されてしまう。簡単にいえば、ドコモの携帯をソフトバンクでは使えない。そんなの常識だと思う人もいるかもしれないが、海外ではこれは非常識である。

国・地域によっては日本同様のところもあるが、多くの場合、海外では端末とキャリアは分けて考える。買ってきた携帯／スマートフォンを、どこのキャリアで使うかは利用者の意思で選択できるのである。これがつまり「SIMロックフリー」。端末にSIMロックがかかっていない、というわけだ。

日本の携帯事情は、しばしば「ガラパゴスケータイ」などと揶揄《やゆ》されるように、世界から見て独自の進化を遂げてきた。キャリアと端末メーカーがタッグになり、キャリア独自のサービスを盛り込んだ最新機種を開発し、顧客を囲い続けてきた。

携帯電話にSIMロックなんていらない——個人的にはひそかにずっとそう思っていたのだが、2011年に入って、ついに風向きが変わってきた。ドコモが自社端末のSIMロックを解除できる方向に舵を切ったのだ。さらにはイー・モバイルも、同年夏モデルから全機種SIMロックフリーで販売している。

この動きに追随する形で、ソフトバンクも一部の機種にSIMロックの解除機能を搭載した。ドコモのように全機種対応ではなく、機種を絞るとのことなので、同社の加入者純増に多大な貢献をしているiPhoneに関しては、残念ながらSIMロックフリーで販売されることは当面ないだろうと僕は予想しているが、それでも以前と比べれば大きな前進である。念のため補足しておくと、auはそもそもの通信方式や周波数帯が異なるため、SIMロックを解除しても他社で使用するのは難しい。

　では旅人にとって、ＳＩＭロックフリーだと何が魅力なのか。改めて考えるまでもない。ズバリ、海外で現地のＳＩＭカードを利用できる——これに尽きるだろう。

　海外に行った際に、現地で携帯電話のＳＩＭカードが売られている光景を目にしたことはないだろうか？　アジアやアフリカなどの途上国とされる地域なら、きちんとした店舗だけでなく、市場や、それこそ路上など、あちこちで見かける光景のはずだ。ＳＩＭロックフリーの端末を持っていると、あの路上で売られているＳＩＭカードを買って、自分の携帯／スマートフォンで利用できるようになるのだ。

　そうすると何がいいのか？　通話／通信費を大幅に安く抑えることができる。国・地域にもよるが、海外パケット定額なんて比較にならないほどに安く済む。

　たとえば僕がよく行くタイを例にすると、１日定額でスマートフォンで通信し放題で39バーツから。日本円にするとわずかに１００円強である。もっと物価が高めの国・地域でも、数百円以内で済むことのほうが多い。たとえばシンガポールだと3日間使い放題で18シンガポールドル。１日あたり6シンガポールドルは、日本円にして約４００円だ。海外パケット定額の現在の最低価格である１９８０円なんて目じゃない安さだ。

　しかも対応国・地域なんていちいち気にする必要もない。ＳＩＭカードさえ手に入れば、どこへ行っても安く利用できる。中には通信の定額サービスがない国・地域や、外国人がＳＩＭカードを買えない国・地域も一部あるが、僕の経験上それらは少数派だ。

ＳＩＭロックフリー端末を使うことで、旅先でのスマートフォンの本格的な常時接続環境が、いよいよ身近なものになる。

ＳＩＭフリー・スマートフォンを入手しよう

日本でもドコモが方向転換したことで、ＳＩＭロックフリーが現実味を帯びてきた。とはいえ、この先どこまで市民権を得られるかは、現時点ではまだ不透明だ。それに、すでに2年縛りでスマートフォンの契約をしてしまっている人は、そんなにすぐに機種変更するわけにもいかないだろう。ｉＰｈｏｎｅなど、特定機種へのこだわりがあるユーザーにとっても、ＳＩＭロックフリーは夢のまた夢状態であることは変わりない。とりあえず引き続き様子見をしつつ、ここからはドコモやソフトバンクといった日本の主要キャリアとは別の、ＳＩＭロックフリーの可能性について書いていこう。

主に、海外端末の話である。僕はいま、海外ではＳＩＭロックフリーのｉＰｈｏｎｅを使っている。タイのバンコクで購入したものだ。さらに台湾HTC社のSIMロックフリーAndroid端末も持っているが、それはサブで、基本的にはiPhoneを利用している（iPhoneとAndroidの違いは第3章で触れる）。

そもそも海外で携帯電話を買うのは、ハードルが高かった。「高かった」と過去形で書いたのは意味がある。スマートフォンの登場により簡単になったのだ。スマートフォンがこれだけ世界中で流行している背景には、端末がグローバル仕様であることが大きい。簡単に言えば、通信方式や設定、操作方法など、わずらわしいあれこれが世界規模で統一されたことで、導入のハードルが一気に低くなった。

そして同じ機種が複数の国々で販売されている。とくにiPhoneは、国によって違うのはSIMロックの有無だけで、ハードウェア自体はどこの国で買っても同じものである。細かいことを言えば、ACアダプタのコンセント形状が国によって異なるが、USB充電対応なので大きな問題ではない。あらかじめ多言語に対応しており、海外で買ったものでも簡単に日本語に切り替えられる。実際の使用感としては、日本で買う場合と何も変わらないのだ。それでいて、国によってはSIMロックがかかっていない端末が提供されている。

海外で買ったＳＩＭロックフリーのｉＰｈｏｎｅは、当然ながら日本でも普通に使用できる。ソフトバンクだけでなく、ドコモのＳＩＭカードを挿せばドコモの電波で使うことも可能だ。保証に関しても、アップルがグローバル対応を行っているため、万が一のときには日本国内のアップルストアへ持ち込めば修理もしてくれる（４Ｓに関しては保証規定が変更になったらしい。状況は流動的なので要確認）。

ならば、ということで、海外旅行がライフワークの僕は、海外でｉＰｈｏｎｅを買った。ＳＩＭロックフリー端末がいかに便利かは前述した通りだが、実際に導入してみて、僕の旅は激変した。ハッキリ言って、むちゃくちゃ便利になった。ｉＰｈｏｎｅに限らず、海外端末の入手は実はそんなに難しくない。どんな方法があるかまとめてみよう。

(1) 日本国内の並行輸入店で購入

海外まで行かずとも、並行輸入品を販売するショップが日本国内にたくさんある。東京など都市部では実店舗もあるが、ネット通販のほうが便利だろう。ただし割高。

(2) ネットオークションで購入

Ｙａｈｏｏ！オークションなどのオークションサイトでも、海外端末が多数出品されている。（1）のショップが出店していることもあるが、個人が転売目的で出品していたりもするので、実際に入札する際には注意したい。（1）と同様、値段的には割高にはなってしまう。

（3）海外通販転送サービスを利用

予算を考えると、海外の通販サイトなどから直接買ったほうがお得だ。最新機種なら、並行輸入店に在庫がないこともある。しかしスマートフォンの通販となると、日本への発送に対応しているサイトが実は少ない。その国に住所がないと買えなかったりするのだ。そこで便利なのが転送サービス。購入時に転送サービス会社の住所へ発送する形にし、その会社から日本まで転送してもらう。当然ながら手数料はかかる。

（4）海外在住の友人・知人に頼む

もし何らかのつてがあるのなら、安心・確実である。在住者ではなく海外へ行く人に頼む手もあるが、負担をかけることになるので、あまりオススメはできない。

（5）海外旅行のついでに買う

行き先にもよるが、旅先で購入のチャンスがあるのなら。

以上、5通りの入手方法がざっと思いついた。僕自身は（5）の方法で購入したのだが、旅好きならやはり（5）がベストな気がする。誰にも負担をかけず、自分が納得のいく店で、もっとも安く手に入る。

マニアの中には、日本では未発売の最新機種を買うために、わざわざ海外渡航する人もいるぐらいだ。そこまでしなくても、旅先での過ごし方として、スマートフォンを購入するというのは達成感が味わえてよいのではないだろうか。単に観光地を巡るだけではない、自分だけの特別な旅の思い出になるはずだ。お土産としてもイマドキっぽい。

「でも高いんじゃないの？　いくらぐらいするの？」

そんな疑問をお持ちの方もいるだろう。正直なことをいえば、海外で買うからといって必ずしも安くはない。主要な機種について、次頁に僕なりに調査した結果を表にまとめてみた。端末によってピンキリであるが、とくにｉＰｈｏｎｅは高額な印象だ。一方、

主要スマートフォンのSIMフリー機市場価格

機種名	SIMフリー機価格	日本での販売価格
iPhone4 16GB	22,250B（約59,630円）	46,080円
iPad2 16GB Wi-Fi＋3G	19,900B（約53,330円）	44,800円
HTC Desire HD	16,900B（約45,290円）	23,520円
Xperia arc	19,900B（約53,330円）	48,720円
GALAXY S	13,900B（約37,252円）	29,064円
GALAXY Tab	14,900B（約39,930円）	42,840円

タイのバンコクにて2011年5月に調査した。Bはタイバーツ（1B＝約2.68円）。iPhone4が突出して高額だが、中古も多数出回っている。日本での販売価格は一般的な量販店での新規一括購入時（割引対応コース選択）の実質金額。機種によって差額にばらつきはあるが、SIMロックフリー機のほうが高くなるのは事実だ。

Android端末は比較的安く手に入る。国・地域によっても若干異なるし、為替レートの影響も受けるので一概には言えないが、要はそのものにどれだけ価値を見出せるかだろう。

日本では携帯／スマートフォンは割賦販売が主流で、端末購入時の初期費用が安い。中にはゼロ円のものも珍しくない。それらと比較すると、「えっ、そんなにするの⁉」と思う人もいるだろう。しかし、日本の割賦販売方式は、分割払いのローンみたいなもので、見かけ上安く感じられるだけのことも。だから日本での販売価格と比較するなら、実質価格を考慮したうえで判断する必要があることは付け加えておく。

海外旅行のお土産にSIMフリー・スマホを

海外旅行のついでに、SIMロックフリーのスマートフォンを購入する。これを旅のテーマに掲げるなら、オススメの旅先がある。

香港、シンガポール、バンコクである——。これら3都市は、僕の中では3大聖地となっている。

スマートフォンを買うなら、断然アジアがいい。欧米では国によってはSIMロックがかかっていることがあるし、僕の実感としてはアジアのほうが最新機種が揃っている。さらには税金も安い（もしくはまったくかからない）。何より日本からの渡航費用が安く済むし、そもそも香港も、シンガポールも、バンコクも、単に旅先として考えても魅力的なところだと思う。

アジアの都市部では、デジタル系のショップが集まったショッピングセンターをよく見かける。ガイドブックで「〜のアキバ」などと紹介されているようなところだ。古い言葉を使うなら「電脳街」と形容されることもあるが、アキバと違って街ではなく、ビルがまるまるその手の店で埋まっている形態だから、「電脳ビル」とでも呼んだほうが実態に即しているだろうか。

そんな電脳ビルを訪れるのは、僕の旅の日課の一つなのだが、ここ数年はどこへ行っても主力商品はスマートフォン一色だ。中には有名メーカーのコピー品、いわゆるパチモノのほか、違法に改造された怪しい端末なんかも売られている。買って帰るのは当然NGとしても、冷やかしながら見て回るだけならこれが案外楽しいものだ。

実際に自分が買うことを前提とすると、正規品を探すことになる。高額な商品だが、これがまた普通にずらり揃っている。

あまりアジアへは行かないという人の中には、アジア＝貧しい国といまだに思っている人ももしかしたらいるかもしれないが、その考えは時代遅れだと僕は思う。アジアの中進国はめざましい経済成長を遂げていて、消費者の購買力は著しく向上している。高価なスマートフォンを女子高生が電車内で使っているなんて、日本で見かけるのと同じような光景が、いまやアジア各国で日常的に繰り広げられている。

そんなアジアの中でも、香港、シンガポール、バンコクは、買いやすさという意味ではとりわけ聖地級だと思うのだ。これら3都市には、スマートフォンが大充実している電脳ビルがある。具体的に言うと、香港は先達廣場、シンガポールはシムリムスクエア、バンコクはマーブンクロン（ＭＢＫ）である。初心者ならまずは目指したいスポットだが、常に世界最先端の端末に触れられる場所として、中上級者が何度訪れても楽しめる。

個人的にとくに大好きなのがバンコクのＭＢＫ。その４階に、携帯／スマートフォンを扱うショップが集まっている。地元のタイ人にとっても、「バンコクで携帯電話を買うならＭＢＫ」というのはお約束で、いつ行ってもタイ人の若者たちで大賑わいだ。巨大なショッピングモールのワンフロアのほぼすべてがこの手のショップで埋め尽くされ、いかにもアジア的な怪しげな雰囲気の空間が広がる。外国人旅行者にとっては、もはや一つの観光名所といっても過言ではないほどにおもしろいところである。

香港の先達廣場、シンガポールのシムリムスクエアと合わせて、写真や住所、行き方などもページに掲載しておくので、ぜひ一度足を運んで欲しい。

ｉＰｈｏｎｅならアップル公式ショップで買うのが吉

ＭＢＫのような電脳ビルを物色してみると、数あるスマートフォンの中でも、とくに目立つのがｉＰｈｏｎｅだ。この光景を目にすると、いかに世界で支持を得ているか納得できるだろう。そしてもちろん、ＭＢＫなどで売られているｉＰｈｏｎｅはＳＩＭロックフリーである。欲しい人は、ここに来れば確実に手に入る。

だがｉＰｈｏｎｅに関してだけ言えば、ちょっと待って欲しい。僕のｉＰｈｏｎｅは前述した通り、バンコクで購入したものだ。けれど、ＭＢＫで買ったものではないのだ。

実はＭＢＫのような電脳ビルで売られているｉＰｈｏｎｅには、出所が怪しいものが含まれている。店によっては料金交渉も可能で、運が良ければ安く手に入るが、運が悪いと変なものを掴まされるリスクもあるので要注意なのだ。

新品ではなく中古だったり、もともとＳＩＭロックが施された主に米国製の端末を、ソフトウェアでロック解除しているものもあるという。それでも実際には十分使えるとは思うが、ｉＰｈｏｎｅの場合、ファームウェアをアップデートするたびに再度ロックがかかる可能性がある。不安を抱えたうえで買うには、高額過ぎるだろう。

では、どうすればよいか。アップルの公式ショップで買えばいいのだ。日本でｉＰｈｏｎｅをソフトバンクが販売しているように、タイではＴＲＵＥ ＭＯＶＥというキャリアからアップル公認でｉＰｈｏｎｅが売られている。キャリアが販売する端末とはいえ、タイではSIMロックフリーなのである。タイに限らず、香港もシンガポールも同様だ。

いわば、公式SIMロックフリー――。どうせ買うなら、怪しげな店に置いてある出所が謎なものではなく、公式SIMフリーを狙いたい。

TRUE MOVEはタイの携帯電話業界の中では、いち早く3G通信網を提供し始めたキャリアだ。タイにはほかにもAIS、DTACなどのキャリアがあるが、それらはつい最近まで旧式のGSM回線のみ対応だった。あわせてSIMカードを購入することを考えても、タイでiPhoneを買うならTRUE MOVEが手堅かった。

先達廣場（香港）。住所：九龍旺角亞皆老街83號。MTR旺角駅出てすぐ。

シムリムスクエア（シンガポール）。住所：1 Rochor Canal Road.。MRTブギス駅から徒歩10分程度。
公式サイト（英語）：
http://www.simlimsquare.com.sg/

マーブンクロン（MBK）（バンコク）。住所：444 Phayathai Rd., Patumwan。BTSナショナルスタジアム駅に直結。
公式サイト（日本語あり）：
http://www.mbk-center.co.th/

ＴＲＵＥ ＭＯＶＥのショップはバンコクだと、「サイアム・パラゴン」など大きなデパートの中に入っている。また、２０１０年にバンコクの中心部に位置するサイアム駅の目の前に、新しいＩＴ系ショッピングモール「デジタルゲートウェイ」ができて、その2階にアンテナショップ的なおしゃれな店舗が入っている。ホームから見えるし、高架で駅とつながっているので、すぐにわかるだろう。立地が抜群によいので、旅行者でも行きやすいのがうれしい。ＭＢＫのような怪しげな雰囲気はなく、電脳ビルと呼ぶにはきれい過ぎるところなので、あえてＩＴ系ショッピングモールと書いてみた。

僕はそこでｉＰｈｏｎｅを買った。ついでにそのときのことを振り返ってみる。

店内に入って物色していると、さっそく店員がササッと寄ってきた。タイ語で話しかけられたが、僕が英語でｉＰｈｏｎｅが欲しい旨伝えると、相手もすばやく英語に切り替えてくれた。自分の拙い英語が恥ずかしくなるぐらい、タイ人にしては流暢な英語だった。

価格について訊ねてみると、一覧になったボードを見せてくれた。ｉＰｈｏｎｅはメモリ容量によって価格が異なるが、さらに同じ容量でも2つの価格が書かれていた。

「これは何が違うんですか？」

タイ語で読めなかったから、店員に聞いてみると、安いほうは1年契約をした場合の価格なのだそうだ。なるほど、日本のキャリアがやっている2年縛りと同じような考え方である。タイでもキャリアと一定期間契約をすれば、端末代金を割り引いてくれるらしい。

とはいえ、僕は単なる旅行者に過ぎない。契約して毎月の利用料を支払うのは馬鹿らしい。バンコクには頻繁に来るとはいえ、携帯キャリアと1年契約をするのは無駄である。

「契約しない場合は、こっちの高いほうの価格になるということですか？」

聞くと、その通りだという。旅行者が旅先で現地のＳＩＭカードを買う場合、いわゆるプリペイド（Prepaid）のものを使う形になる（詳しくは後述する）。対して、キャリアと契約することをポストペイド（Postpaid）と呼ぶ。これらは、海外でスマートフォンを購入する際に知っておきたい英語だが、つまりは1年契約＝ポストペイドというわけだ。

ちなみにポストペイドで購入するのと、契約はしないで端末だけ買う場合の価格差は、容量によって違うが1000〜2000バーツだった。割引とはいえ、高くても5000円程度の差しかないのなら、あきらめはつくだろうか。

なお端末代にはＶＡＴと呼ばれる税金が上乗せされる。タイの消費税みたいなもので、このときは7％加算されると言われた。通常、外国人旅行者は、帰国の際に空港で手続きをすれば、ＶＡＴは返還してもらえるシステムになっている。免税になるはずなのだ。

しかしｉＰｈｏｎｅに限っては、残念ながらＶＡＴ還元のサービスは適用外となるらしい。理由を聞いたら、あくまでもタイ国内で使うためのものとして売っているから、なのだとか。ただｉＰｈｏｎｅ以外のほかのスマートフォンは大丈夫だという。微妙に腑《ふ》に落ちない話だが、それがルールなのだと言われれば、従わざるを得ない。

現地キャリアのＳＩＭで格安常時接続

タイでｉＰｈｏｎｅを買った話の続きだ。

僕が購入を決めると、店員のお兄さんはバックヤードから商品を持ってきて、僕の目の前でカッターナイフでパッケージのビニールを開封してくれた。ｉＰｈｏｎｅのパッケージは、パコッとふたをかぶせるタイプの化粧箱。新品時にはビニールでシールドされており、そのままではふたは開かない仕組みだ。お兄さんは、裏側のふたとのすき間部分のビニールにナイフでスーッと切り込みを入れた。これだとビニールをはがさずに箱を開けられるのだが、あまりに丁重な扱いに驚いたというか感心してしまった。

中から本体を取り出し、店のＭａｃにつないでアクティベーション（初期化）をする。

ｉＰｈｏｎｅでは、使用するためには最初にこのアクティベーションという作業が必要になる。そのままホテルへ持ち帰って自分のＰＣでしてもよいのだが、すぐにでも使いたいし、プリペイドＳＩＭの設定を自分でするのも面倒なので、なすがままで店員のお兄さんに委ねた。

そう、プリペイドＳＩＭについても触れておかねばならないだろう。ｉＰｈｏｎｅ本体に加え、僕はここでＴＲＵＥ ＭＯＶＥのプリペイドＳＩＭカードも一緒に購入した。プリペイドＳＩＭというのは、あらかじめいくらかの金額をチャージして使う、携帯電話／スマートフォン用のＳＩＭカードのことだ。キャリアとの契約が不要なので、短期滞在の外国人旅行者でもその国の携帯電波を利用できる。日本から持ち込んだ端末の海外ローミングではないため、この方法だと無駄な割増料金を支払わなくて済む。というより、わざわざＳＩＭロックフリーｉＰｈｏｎｅを買ったのは、こうして旅先でプリペイドＳＩＭで安価に通信がしたかったからだ。

開封したばかりの真新しいｉＰｈｏｎｅにＳＩＭカードを挿入すると、画面上にちゃんと「ＴＲＵＥ」の表示が出た。ＴＲＵＥ ＭＯＶＥの３Ｇ対応プリペイドＳＩＭは49バーツだった。約１３０円はほとんどタダみたいなものだろう。国によってはプリペイド

タイで3G網を提供するTRUE MOVEがアップル公式キャリアとしてiPhoneを販売している。直営店で端末のみを購入する際の価格はiPhone4S 8GBが22,450B（約60,166円）、iPhone4S 32GBが26,350B（約70,618円）、iPhone4S 64GBが30,250B（約81,070円）。

ＳＩＭを買う際に、パスポートの提示を求められることがあるが、このときは何も聞かれなかった。プリペイドＳＩＭはカードのみの料金だというので、とりあえず２００バーツ分のクーポンを購入してチャージした。国によっては、最初からプリペイドＳＩＭにいくらかチャージされていることもある。この辺はケースバイケースだ。

　チャージを済ませたら、次はネット接続のための設定だ。スマートフォンでネット接続するためには、ＡＰＮとユーザー名、パスワードを入力するのが一般的だ。しかし、ＴＲＵＥ ＭＯＶＥの場合にはそれらの設定が不要だった。その国のｉＰｈｏｎｅ公式キャリアのＳＩＭだと、最初から設定が

ｉＰｈｏｎｅの本体内に入っていて、特別な設定いらずで使えたりする。ＴＲＵＥＭＯＶＥはタイの公式キャリアなので、ｉＰｈｏｎｅがＳＩＭを自動的に認識してくれたようだ。この点、Ａｎｄｒｏｉｄ端末では設定が必要になる。またｉＰｈｏｎｅであっても、公式キャリア以外のＳＩＭを使う場合には手動で設定する。設定の仕方は左の写真とキャプションで紹介しておこう。

以上でもうネットにつながることはつながるのだが、このままネットにアクセスしまくると、従量課金になるため、チャージした２００バーツはあっという間に使い切ってしまう。そこで、パケット通信のための定額プランを申し込むことになる。

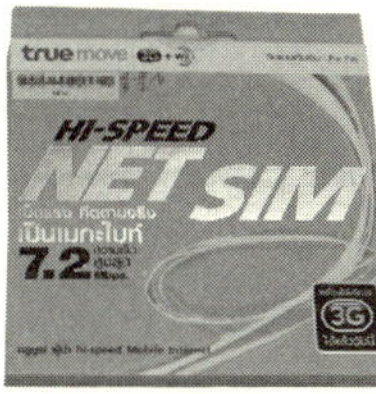

TRUE MOVEの高速インターネット通信用プリペイドSIM。iPhoneなら挿入しただけで設定不要で利用可能だ。英語のマニュアルも添付されている。

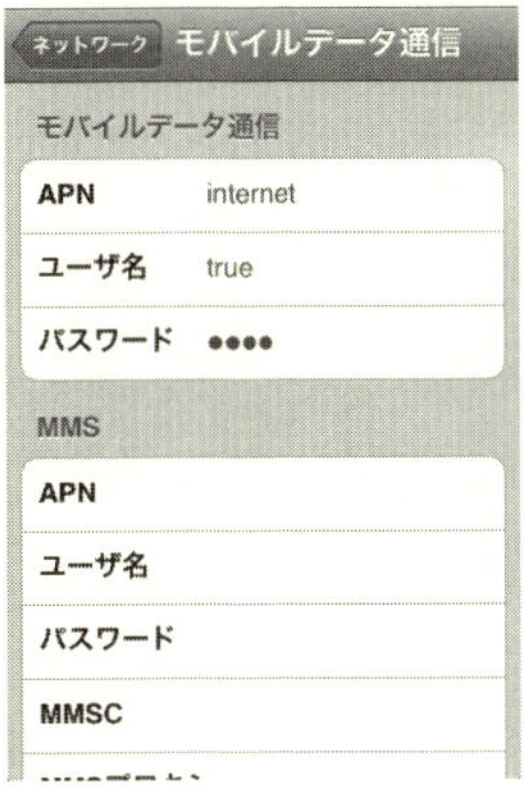

iPhoneでは「設定」→「一般」→「ネットワーク」→「モバイルデータ通信ネットワーク」、Androidでは「設定」→「無線とネットワーク」→「モバイルネットワーク設定」→「アクセスポイント名」とたどり、APN、ユーザー名、パスワードを入力する。MMS設定などは空欄で構わない。

海外のプリペイドSIMにもパケット定額サービスがある。国にもよるが、1日使い放題や3日間使い放題といった短期で無制限に接続できるものと、100MBや50MBと決められた容量まで使い放題のパターンの2種類が一般的だ。タイのTRUE MOVEでは、それら2種類両方のプランが用意されていた。それも結構細かく条件ごとにプランが分かれている。

定額プランの一覧については、SIMのマニュアルに書かれていたり、別途プリントされた紙などに説明書きがある。TRUE MOVEでは、ペラ1枚の紙にまとめられていた。紙に書かれたコマンドを、SMSで指定の番号宛てに送信すれば、定額プランの申し

例として、タイの携帯キャリアTRUE MOVEでパケット定額を申し込んだときの画面を掲載。SMSで「9789」宛てに「V1」とコマンドを書いて送ったところだ。コマンド内容や送信先は国・地域・キャリアによって異なるが、手順自体には大きな違いはない。

込みが完了する。少々わかりにくいので、この手順について右の写真とキャプションで説明しておきたい。あくまでもTRUE MOVEという特定キャリアに関する説明ではあるが、手順自体はほかの国のほかのキャリアでも応用できるだろう。

なお定額プランについては、英語では「Flat rate」というのだが、英語圏ではない国でこれを言っても、通じないことのほうが多い。TRUE MOVEの英語が流暢なお兄さんですら、紙にそう書いて見せても首をかしげるのみだった。

「インターネット、ハウマッチ?」

聞くときはこれでいい。稚拙だが、シンプルに単語を並べるだけのほうが意外と通じるのだ。

プリペイドSIMカードは空港で入手せよ

こうして僕はSIMロックフリーのスマートフォンを手に入れた。以来、海外旅行ではその都度、現地のプリペイドSIMを挿入して、常時接続環境を実現している。あちこち旅しながら、実際にネット接続を試みてきた中で気がついた点や、そのほか気をつけるべき点などをまとめておきたい。海外で購入した端末だけでなく、ドコモのＳＩＭフリー機などでも同様に利用できるので参考にしてほしい。

まずプリペイドＳＩＭはどこで手に入るのか。当然ながら携帯電話販売店や、キャリアのショップということになるが、旅行者に一番オススメなのは空港だ。多くの国で、空港内にプリペイドＳＩＭを販売する店がある。店の形態は空港によりけりだが、携帯キャリアのブースであったり、キオスクのような売店だったりで、いずれにしろ簡単に購入できる。中にはシンガポールのように両替所で販売している国や、中国やイギリスのように自販機が設置されているところもある。

街中よりも空港が便利なのは、英語の通用度が高いからだ。実際には言葉が通じなくても意外となんとかなるものだが、設定や料金などの具体的な話をするなら英語で話ができたほうが安心だろう。

海外旅行で目的地の空港に着いて、まず最初にすることが両替だとしたら、二番目はプリペイドＳＩＭの入手というわけだ。

ところで、プリペイドＳＩＭを買うのが難しい国も一部存在する。たとえば、インドのairtelでは、インド人もしくはビザを持っている者しか買えないと言われた。僕はたまたま現地の知人が一緒だったので、代理人として購入してもらったのだが、インドへ行く人は要注意だ。ちなみにその一方でインドの隣国スリランカでは、何の問題もなくプリペイドSIMが買えた。ほかにもカナダのRogersでは端末を同時に購入する場合に限り、プリペイドSIMを販売すると言われた。残念ながら、SIM単体での販売は認めていないとのこと。

国によって対応はさまざまなのだ。これらの情報は、ネットで検索すれば簡単に見つかるので、渡航前にある程度調べておく手もある。というより、旅行が決まったら、その国の携帯電話事情がどうなっているかをネットで予習しておくのももはやセオリーと思う。

プリペイドSIMのチャージについても触れておこう。滞在途中でチャージが切れた場合にはどうするか。やはり国やキャリアによりけりだが、再チャージするには専用のクーポンを買って、記載された番号を＊や♯などを使ったコマンドと共にダイヤル送信するやり方が一般的だ。クーポンはコンビニやキオスクなどで手軽に購入できる。

ちなみに、この再チャージのことを英語で「リフィル」（Refill）というので覚えておきたい。また、リフィル用のクーポンのことを「トップアップカード」（TopUpCard）などという。人によっては「バウチャー」と呼ぶ人もいる。カードがスクラッチ式になってい

中東ドバイの空港でも、到着ロビーに携帯キャリアのカウンターを発見した。ここではパスポートのチェックがあったが、旅行者でも簡単にプリペイドSIMカードが購入できた。

て、擦《こす》ると数字が出てくるタイプが多いが、中にはカードではなくレシートに番号が記載されただけのものもある。

リフィルの方法は、たいていはプリペイドSIMのマニュアルや、トップアップカードに書いてある。非常に簡単だが、どうしてもわからない場合には、トップアップカードを購入したその場で店員に聞くか、リフィル作業自体をお願いする手もある。ささやかながら、現地の人とのコミュニケーションが生まれるので、あえて頼むなんてのも旅人的には興味深い。

日本ではプリペイドSIMはあまり一般的ではないため、多くの人には馴染みがないだろう。そのため、ここまで書いた内容を見て

「なんだかいろいろ面倒そうだなあ」と感じる方もいるかもしれない。僕自身も、普段から意識せずに使っているせいか、こうして改めて文章で事細かに説明しようとすると、正直頭がこんがらがりそうにもなる。

けれど、実際にやってみると何ら難しくない。気軽な気持ちでチャレンジしてほしい。

スマホなら電話代もタダにできる

海外パケット定額にしろ、SIMフリー端末＋現地プリペイドSIMにしろ、旅先でスマートフォンが常時接続できると、もう一つ大きな魅力がある。

電話である。スカイプなどのいわゆるIPフォンを使えば、国際電話の通話料をタダにできるのだ。本章の冒頭でいかに携帯電話の国際通話料が高いかを嘆いたが、この方法なら一気に問題解決なのである。

スカイプについては、PCのほかiPhoneやAndroidといったスマートフォン向けに、専用アプリがリリースされている。当初はスマートフォンからの通話はWi-Fi環境のみに限られていたが、いまは3G環境でも可能になっている。2011年5月にスカイプのサービスを運営するスカイプ社が、あの米マイクロソフトに買収されるというビッグニュースもあった。買収金額は85億ドルというから、スカイプがいかに存在価値の高いサービスだったかが証明されたエピソードでもある。

ただし、実は僕は最近、もうスカイプはあまり使っていない。電話機能に関しては、スカイプよりもさらに便利なサービスが登場したのだ。「Ｖｉｂｅｒ」というスマートフォンに特化した、無料電話アプリである。

世界中のユーザーと無料で通話し放題なのはスカイプと同じだが、使い勝手はＶｉｂｅｒのほうが一歩も二歩も先をゆく。スカイプでは、利用するには原則ログインが必要だった。そのうえで、発信先のアカウント宛てに通話を行う。アカウントは検索するなどして、あらかじめ登録しなければならない。

一方でＶｉｂｅｒは、アプリをインストールしたスマートフォンどうしであれば、細かい設定などをまったく意識せずに、即座に通話が可能なのだ。しかもこれがキモなのだが、スマートフォンのアドレス帳に登録されている連絡先を認識して、そのうちの誰がＶｉｂｅｒユーザーかを自動で表示してくれる。あとは、普通に電話をかけるように、アドレス帳から発信先を選べば良い。

Ｖｉｂｅｒではサービス固有のアカウントはなく、代わりに電話番号がそのままアカウントとして利用される。バックグラウンドでＶｉｂｅｒのサーバーとスマートフォンの連絡先が同期される仕組みになっている。さらには、アプリを常駐させておく必要もないので、使用しないときにはバッテリーの消費も抑えられる。

スマートフォンユーザーが全員Ｖｉｂｅｒを利用したら、世界中の携帯電話キャリアで通話料収入が激減してしまうかもしれない。そんな計り知れないポテンシャルを秘めた、画期的なサービスだと思う。

２０１１年3月11日、東日本大震災が日本列島を襲った。その日僕は海外にいて、テレ

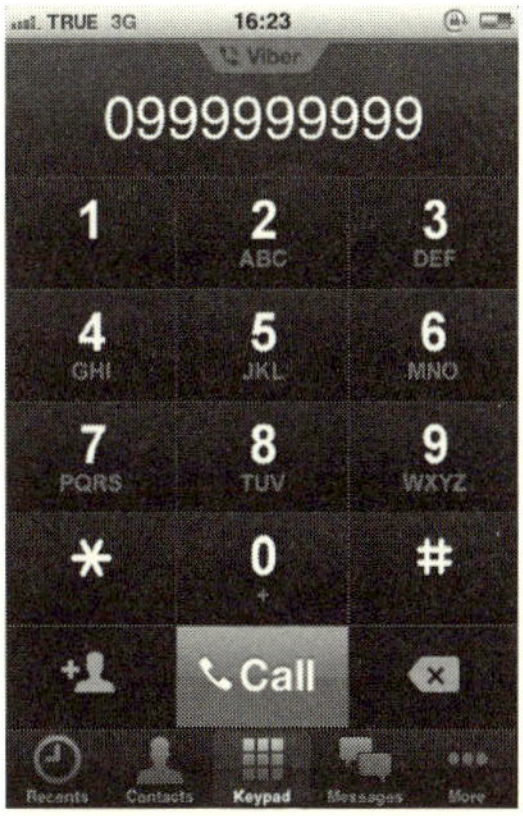

無料電話ツールの大本命「Viber」。iPhone版が先行していたが、Android版もリリースされた。海外だけでなく国内でも、通信環境さえあれば無料で通話可能だ。

ビニュースを見て震災を知ったのだが、日本にいる家族に安否連絡を入れようとしたら、携帯電話も固定電話もまったく通じなかった。途方に暮れたそのとき、スカイプやViberのことを思い出した。かけてみると、なんとあっさりつながった。インターネットの回線だけは生きていたのだ。

無料であるだけでなく、通常の携帯回線が途絶えた緊急時にも役立つ無料電話サービス。旅人ならこれは必須ツールと言っても過言ではないだろう。

旅を進化させるデジタル道具

3

海外パケット定額を利用する。もしくはＳＩＭロックフリー端末に現地プリペイドＳＩＭを挿して運用する。現状ではおもにこれら二つの方法で、旅先でのモバイルインターネット常時接続が実現することを前章で紹介した。

いずれにしても、必要なのはスマートフォンである。

ｉＰｈｏｎｅとＡｎｄｒｏｉｄはどっちがよいのか

現在、スマートフォンにはｉＰｈｏｎｅ、Ａｎｄｒｏｉｄのほか、ＢｌａｃｋＢｅｒｒｙやＷｉｎｄｏｗｓ Ｐｈｏｎｅといったいくつかのプラットフォームが存在する。ただ、現在の日本の市場を見るに、実質的にはｉＰｈｏｎｅとＡｎｄｒｏｉｄのほぼ二択と言ってよいだろう。スマートフォンブームの火付け役となったのはｉＰｈｏｎｅだと思うが、ここ１年ぐらいでＡｎｄｒｏｉｄが急速に普及してきた印象を受ける。とくに日本国内のメーカーは、これまで「ガラケー」（ガラパゴスケータイの略）と呼ばれていた日本独自進化の高機能携帯電話から、Ａｎｄｒｏｉｄ搭載スマートフォンへと鞍替えし始めている。

ｉＰｈｏｎｅはアップルだけが開発するのに対し、Ａｎｄｒｏｉｄ端末はさまざまなメーカーから提供されている。Ａｎｄｒｏｉｄ ＯＳは開発社であるグーグルがオープンソースで広く公開しているため、メーカーは自社の端末向けにカスタマイズを施すことが可能だ。スマートフォン市場へ参入するなら、Androidが手っ取り早いということで、世界中の端末メーカーが飛びついた。少々乱暴なくくり方にはなるが、PC市場においてMacとWindowsが共存している関係と似ていなくもない。より汎用性が高いのはAndroidというわけだ。

ではiPhoneとAndroidのどちらがよいのか。旅人の目線で考えてみたい。最初に結論を述べるなら、究極的にはこれは好みの問題だ。そう書くと身もふたもないが、旅先でも常時接続環境を実現したい、という目的だけで選ぶなら、どちらを買っても問題はないと思うのだ。

もちろん両者を細かく比較していくと、それぞれにできること／できないことはある。スマートフォンの最大の魅力は、専用アプリを組み込むことで機能を拡張できることだが、iPhoneにはあるアプリがAndroidにはなかったり、もしくはその逆のパターンも。現状ではiPhoneのほうがアプリは内容的に充実していると思うので、その意味ではiPhoneのほうが有利だろうか。

Androidはグーグルが開発しているだけあって、グーグルの各種ウェブサービスとの連携がスムーズなのは魅力だ。とくに地図は、iPhoneでは非対応のグーグルマップのマイマップ（任意の地点をお気に入りとして登録する機能）がAndroidでは利用できるし、Androidにしかない音声付きのナビ機能も秀逸だと思う。

スペック的な違いについては、同じAndroid端末でも機種によって差があるし、ここではiPhoneとAndroidという対立軸での比較なので置いておくが、iPhone4とAndroidの最新ハイエンド機で、愕然とするほどの性能差があるわけでもない。

個人的にもっとも重要だと感じるのはインターフェイスだ。つまり使いやすさ。僕はiPhoneもAndroidも両方使っているが、操作性はiPhoneのほうが洗練されていると思う。iPhoneの場合ほとんどの操作が画面上を指でタッチすることで完結する。液晶画面の下にあるのはホームボタンのみだ。対して、Androidはもう少しボタンが多い。たとえば1画面前に戻るのに、その都度「戻る」ボタンを押すのはわずらわしいときがある。

設定できる項目の多さや、カスタマイズの余地など、Androidのほうが高機能だという意見もあるが、逆にいろいろできるとそれだけ面倒が増えるという考え方もある。コンピュータが苦手な人でも直感的に使えるのはｉＰｈｏｎｅのほうだろう。

また、旅先でＳＩＭロックフリー端末を買うことを考えると、これまたｉＰｈｏｎｅのほうが手軽だ。どこの国で入手しても端末自体は同じもので、デフォルトで日本語の設定が入っているから海外端末であることを意識せずに利用できる。

一方で海外で売られているＡｎｄｒｏｉｄ端末では、日本語化の作業が必要なものも多いので注意が必要だ。日本で売られているＡｎｄｒｏｉｄ端末は、メーカーが日本仕様にカスタマイズして販売しているのだ。海外端末で、ロケールと呼ばれる言語地域設定や、日本語入力のためのＩＭＥをインストールしなければならないとなると、途端にマニア臭が漂い始める。

また技術基準適合証明、通称「技適」の問題もある。これは簡単にいうと、日本では電波法により、この技適証明を取得していない端末では通信できない。法律でそのように決められているのだ。技適をクリアしている端末には、そのことを表すマークが付与されている。海外で売られているスマートフォンの中には、技適マークがないものもあり、それらを日本に持ち込んで使うのは違法行為になるので注意したい（電波につながないのであればこの限りではないが）。ちなみにｉＰｈｏｎｅは、海外で買った端末でもきちんと日本

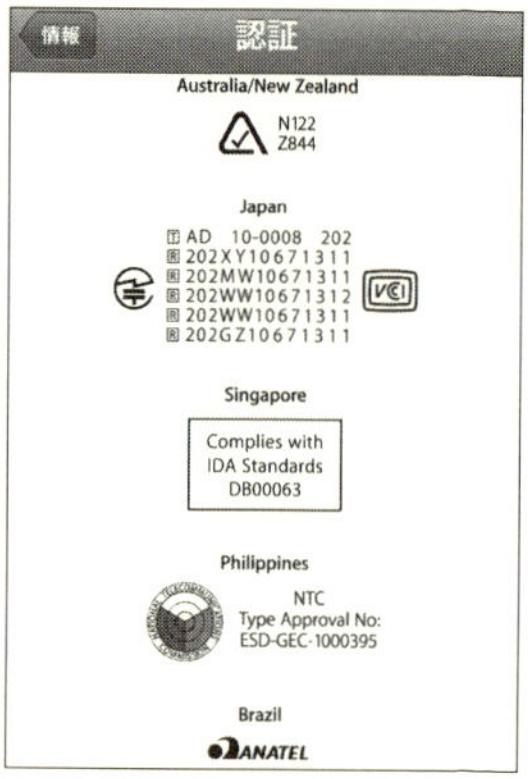

iPhoneでは「設定」→「一般」→「情報」→「認証」とたどっていくと、日本の技適マークも確認できる。

の技適マークが入っている。

あんまり書くとAndroid派の読者に怒られそうだが、私見としてはiPhoneのほうが総合的にオススメ度は高いと正直思う。

iPadなどタブレット端末の旅人ならではの使い道

スマートフォンに加え、デジタルガジェットの中でも最近とくに勢いがあるのがタブレット端末だ。これも盛り上がりのきっかけは、アップルの製品だった。

そう、ｉＰａｄである。アメリカで２０１０年３月に発売され、その後日本でも５月に満を持して市場投入された。発売日には銀座のアップルストアなどに開店前から行列する光景がニュースでしきりに流れていたから、記憶している人もいるだろう。

あれから１年、より高速なＣＰＵを搭載し、本体デザインがスリムになったｉＰａｄ２が登場した。日本では東日本大震災の影響で発売が延期になったが、２０１１年４月下旬にリリースされている。僕は初代ｉＰａｄも、最新のｉＰａｄ２も発売日に購入した。ｉＰａｄ２は初代機ほどの話題性はないものの、基本コンセプトを受け継ぎつつ着実にバージョンアップされた印象を受ける。何より実際に手にしてみると、明らかに軽く持ちやすくなったと感じた。初代機では長時間持っていると腕が疲れることもあったので、軽量化は大いに歓迎したい。

このｉＰａｄに追随する形で、Ａｎｄｒｏｉｄ陣営のタブレット端末も続々とリリースされ始めている。当初は韓国サムスンのＧＡＬＡＸＹ ｔａｂなど、海外メーカーの製品ばかりだったが、２０１１年に入ってソニーや東芝といった日本メーカーからも魅力的なタブレット端末が発表されている。タブレット端末に最適化されたＡｎｄｒｏｉｄ ＯＳのバージョン３・０もリリースされ、搭載するＣＰＵがデュアルコアになるなど進化が著しく、

ＰＣ顔負けの高性能端末へと成長することが期待される。

僕は初めての海外旅行＝世界一周以来、一貫して旅先にノートＰＣを持参してきた。どんなに荷物が多いときでも、必ず持っていくアイテムの筆頭だった。

しかし、タブレット端末の登場により、ついに筆頭アイテムの座を譲ることになる。出張などで旅先でも仕事をしなければならないときを除き、ＰＣを持って行くのはやめ、代わりにｉＰａｄをカバンに忍ばせるようになった。これまでＰＣが担ってきた一連の用途が、ｉＰａｄで一通り実現できてしまうのだ。さらにはＰＣの代用だけでなく、ＰＣではできなかったことまでｉＰａｄがかなえてくれる。

その用途は多岐にわたる。たとえば、デジカメの写真データをバックアップするためのストレージとして。バックアップについては後述するが、旅先ではとにかく大量に写真を撮影する。万が一に備えて、データのバックアップを取るのは旅の基本だ。これまではＰＣにデータをコピーしていたが、そのためにＰＣを立ち上げるのは面倒なことも事実だった。その点、即座に起動しきびきび動作するｉＰａｄは手軽だ。しかも、取り込んだ写真は９・７インチの綺麗な大型液晶で確認できる。写真だけでなく、動画も再生可能だ。

ホテルの部屋に戻ってきて、ベッドにごろんとなりながら、その日撮った写真を見て余韻に浸る――そんなシーンを想像してみてほしい。タブレット端末ならではの、旅の新しいスタイルの一つだと思う。

なお、写真のバックアップ用途を想定する人は、できるだけ容量の大きなタイプを選んだほうがいい。iPadの場合、最大の64GBのものにすると安心だろう。

さらにもう一つ、旅先でのタブレット端末の活用法を挙げたい。

読書、である。旅に出ると、読書意欲が湧いてくるという人は少なくないはずだ。普段は忙しくて積読《つんどく》状態になっているけど、旅先では落ち着いて読書に励みたい。そんな旅人にとって、タブレット端末は画期的なアイテムだ。

これまでは、読みたい本はたくさんあっても、荷物がかさばるのを懸念して、持って行くにも限度があった。国内旅行と違って、海外旅行だと旅先で日本語の本を調達するわけにもいかないから、とっておきの何冊かを厳選することになる。デジタル――つまり電子書籍に置き換えることで、この壁を取り払ってくれるのだ。電子書籍になると、本自体はデータに過ぎないので、物理的なサイズは意識しなくて済む。

電子書籍に否定的な見解として、紙の手触りや質感が得られない、という意見をよく聞く。僕自身も本は大好きだから、その気持ちはよくわかる。けれど、旅先へ持って行く場合には、多くは文庫本など、手軽なものになりがちだ。凝った装丁のハードカバーの新刊を持って行くという人は、おそらく少数派だろう。であれば、デジタルにアレルギーを持つ人も、割り切って電子書籍にしてみるのも一つの考え方だと思う。

アメリカのアマゾンでは、電子書籍の売り上げが紙の書籍をついに抜いたそうだ。日本では電子書籍はまだ一般に広く普及しているとはいえない状況だが、徐々に刊行点数は増えつつある。これからの展開に期待したいところだが、本が完全に電子書籍に置き換えられるわけではないだろうし、ライフスタイルに合わせて、紙の本と電子書籍を読者がその都度使い分ければよいのではないかと個人的には考えている。

旅先に何冊も本を持って行きたい――こんなシチュエーションであれば、確実に電子書籍は有効だし、そのためにｉＰａｄのようなタブレット端末が手助けしてくれる。

そしてタブレット端末の使い方、三つ目。機内での映画鑑賞である。最近の飛行機は、座席にシートモニタが備え付けられた機材も珍しくない。それも垂れ流しではなく、オンデマンドで好きな映画を好きなときに観られるタイプが増えている。空の旅では、それらで映画を観るのが楽しみの一つという人も少なくないだろう。

けれど僕は、シートモニタでの映画鑑賞には、かねてより不満を抱えていた。画面がき

iTunes Storeの映画レンタルは、機内での暇つぶしに最適だ。有効期間はダウンロード完了後30日以内で、一度再生を開始するとその時点から48時間以内なら何度でも視聴できる。

れいではないのだ。フルＨＤの液晶テレビやブルーレイのきれいな映像を見慣れてしまったいま、飛行機のシートモニタの液晶を見ると、映像の粗さに愕然とさせられる。モニタサイズも大きくないし、洋画を見たら字幕がつぶれて読みにくい、なんてことも。自分の観たいものを選べる場合であっても、選択肢は用意されているものに限られる。

そこでタブレット端末、なのである。搭乗前に、観たい映画を入れておく。離陸したら、タブレット端末の美しい画面で鑑賞としゃれこむのだ。

ｉＰａｄならｉＴｕｎｅｓ Ｓｔｏｒｅで映画をレンタルできるサービスもある。ＨＤ画質のもので、１本３００〜５００円程度と気軽な金額だ。ＤＶＤやブルーレイといったメディアではなく、映像データをダウンロードする方法は、一度試すと便利過ぎて病みつきになるだろう。Ａｎｄｒｏｉｄでもすでに映画配信サービスはあるが、日本メーカーのタブレット端末が本格的に出揃えばコンテンツの拡大が期待できる。

タブレット端末以前も、僕はよくＰＣを持ち込んで機内でＤＶＤなどを観ていた。シートモニタでの映画鑑賞に満足できなかったからだ。でも、ＰＣよりもタブレット端末のほうがさらに手軽だ。エコノミークラスでは、座席と座席の間隔が狭く、前の人がシートを倒したら、ＰＣを広げられるスペースがなくなってしまうこともある。

映画のダウンロードは容量が大きいため、３Ｇ回線では厳しい。時間に余裕のある人は、あらかじめ自宅などで落としておくとよいが、出発前に空港のＷｉ－Ｆｉにつないでダウンロード、なんてスタイルも旅人っぽくてよいかもしれない。映画以外でも、ゲームをしたり、前述したように読書もできる。機内での暇つぶしとしては、タブレット端末はおあつらえ向きなアイテムなのだ。

タブレット端末に関しては、「画面の大きなスマートフォン」と考える向きもある。確かにとらえ方によってはそんな一面もあるだろうが、本質的にはスマートフォンよりも

ＰＣに近いと僕は思う。

従来の旅でＰＣで行ってきたこと——たとえば単にウェブを見る、などもタブレット端末のおかげでスタイルに変化が生まれた。旅先で街歩きをする際には、ＰＣはホテルの部屋に置いていくのが普通だった。重たいＰＣを持って歩くのは機動性が悪くなる。だがタブレット端末に切り替えてから、街歩きのお供としても気軽に持ち運ぶようになった。

歩き疲れてカフェに入って休憩するときなど、カバンからタブレット端末をサッと取り出す。店のＷｉ－Ｆｉに接続して、ネットで調べ物をしながら、このあとの旅の計画を練る。旅の可能性を広げてくれる、心強い相棒になるだろう。

旅先読書は電子書籍端末で

タブレット端末の旅先での用途の一つとして読書を挙げたが、もう少し掘り下げてみたい。繰り返しになるが、荷物を大幅に減らせることができる電子書籍は、本好きの旅人にとって恩恵は大きなものになる。

電子書籍を読むことだけを想定すると、ｉＰａｄなどのタブレット端末以外の選択肢もある。電子書籍リーダーと呼ばれるガジェットだ。代表的なのが、アマゾンが販売するＫｉｎｄｌｅ。２０１２年2月現在、Ｋｉｎｄｌｅは日本国内では販売されていないが、日本在住者であっても米国のアマゾン・コムから簡単に取り寄せることができる。

Ｋｉｎｄｌｅは電子書籍の表示に特化した端末で、ｉＰａｄのようなタブレット端末とは別物と思ってよい。通信機能は備えるが、基本的には電子書籍コンテンツをダウンロード購入するためのもので、ウェブサービスの利用には制限がある。タブレット端末が汎用機としたら、Ｋｉｎｄｌｅは電子書籍の専用機とでもいえるだろうか。

専用機だけあって、実は読書だけを目的とするなら、Ｋｉｎｄｌｅのほうが優れている部分がある。Ｋｉｎｄｌｅでは液晶ディスプレイではなく、イーインク方式の電子ペーパーで文字情報を表示する。実物を見ると一目瞭然なのだが、紙の書籍に限りなく近い表示を実現しており、長時間見ていても液晶のように目が疲れることがないのが特徴だ。

そして比較にならないぐらいに軽く、そして薄い。約２４０グラムは、ハードカバーの単行本とさほど変わらないレベルだ。それでいて、バッテリーの持ちもいい。そもそも液晶とは原理が異なる。電力はページを切り替える際のみ消費し、ページ表示中の消費電力はない。従って消費電力が極めて少なく、1週間ぐらいは軽く持つ。

Ｋｉｎｄｌｅと同等の製品としては、日本国内でもソニーが「Ｒｅａｄｅｒ」という電子書籍リーダーを販売している。こちらはＫｉｎｄｌｅとはコンセプトが少し異なるのだが、端末としては同じく電子ペーパー搭載機である。

僕はｉＰａｄに加えて、ＫｉｎｄｌｅやＲｅａｄｅｒも旅先に持っていく。長編小説などをじっくり読むには、ＫｉｎｄｌｅやＲｅａｄｅｒのほうが読みやすい。初めてＫｉｎｄｌｅの電子ペーパーを目にしたとき、紙に活字を印刷したものと比べても遜色のないその表示に大きな感動があった。液晶画面での読書に抵抗を感じている人も、電子ペーパー搭載機なら手に取りやすいかもしれない。

とはいえ、電子書籍については、現状では致命的な弱点がある。コンテンツの少なさだ。少しずつ刊行点数は増えているが、読みたい本が全部電子書籍でもリリースされている、というわけではない。でも、壁を突破する解決策はある。

自炊――そんな言葉を耳にしたことはないだろうか？　自分で本を電子化する行為のことである。個人的には「自炊」という言い方は好きではないのだが、一般的に使われている用語なので、本書でもこの言葉を使用する。

読みたい本が電子化されていないなら、自分で電子化すればいい。これなら、どんな本でも電子書籍として読むことができる。iPad登場以来、この自炊が一つの大きなブームになっている。かくいう僕も、iPadが発売される以前より自炊は行っている。もちろん、旅先に読みたい本をたくさん持って行きたいというのがその動機だった。

必要なものは、ドキュメントスキャナーと裁断機の2つ。ドキュメントスキャナーは数種類が存在するが、富士通の「ScanSnap」という製品が事実上のスタンダードで、ほとんどの人はこれを使用していると思う。実売約4万円と値が張るが、1万円以上もする「Acrobat Standard」というPDFの編集が行えるソフトが付いていることを考慮すると、割高とは言い切れない。本の自炊だけでなく、各種書類をスキャンするのにも非常に有用で、価格以上の価値があると個人的には強く思う。第5章で詳しく触れるが、僕はこのScanSnapを使用して、旅先でもらったパンフレットなどをすべてデジタル化し、クラウド上にアーカイブしている。

断裁機はプラスの「PK－513L」という製品がネットのクチコミで人気だが、これまた値が張る。しかもかなり大きくてかさばるので、部屋の設置場所を考えると、必ずしもオススメできない。僕が使っているのはカール事務器の「DC－210N」という裁断機で、価格はPK－513Lの約3分の1。ちょっとした文房具感覚で使えるコンパクトさが魅力で、使わないときには簡単にしまっておける。一度に裁断できる量はPK－513Lに劣るが、これでも十分に実用的だ。

これらのアイテムを活用して、僕はこれまで500冊以上は自炊した。その過程で試行錯誤を繰り返すうちに、自分なりに自炊のための最適設定を研究してきたので、参考までに右の写真とキャプションで紹介しておきたい。

自炊するものは雑誌や文庫が中心だが、加えて旅人ならではの自炊テクニックがある。旅行ガイドブックの電子化である。ガイドブックはただでさえ重くてかさばる。複数の国々を渡り歩く旅では、訪問予定国すべてのガイドブックを持ち歩くのは大変だ。201

ScanSnapでのオススメ自炊設定
設定項目は多岐にわたるが、とくに重要なのは下記3点。ほかは標準設定のママでもOKだと思う。

(1) 画質の選択：スーパーファイン
カラー時に300dpi、白黒時に600dpi相当となる。PC、iPad、Kindleで表示を確認する限りでは、これで十分に読み取れる。「エクセレント」にするとファイルサイズが巨大化する割にはあまり効果を感じられない。

(2) 読み取りモードオプション：すべてオフ
もっとも悩むのがここの項目だが、本の自炊の場合にはすべてオフがベストだと思う。とくに「文字をくっきり」は、オフにしないと写真や図版が汚くなるので要注意だ。

(3) 検索可能なPDF：オフ
ファイル形式をPDFにすると、スキャン後にテキストをOCR認識させられる。けれどこれはオフに。ScanSnapのOCR機能ではなく、付属ソフトAcrobat StandardでOCRをかけたほうが精度が高く、ファイルサイズが小さくなるからだ。

０年に短期世界一周したときには、僕はガイドブックはすべて自炊してｉＰａｄとｉＰｈｏｎｅに入れて行った。これが大正解だった。

ガイドブック電子化のメリットは、荷物を減らせることだけではない。自炊の際にはページ内の文字をコンピュータで認識させ、テキストデータとして記録させることができる。ＯＣＲと呼ばれる昔からある技術だが、最近はその精度が格段に向上している。ガイドブックを電子化してＯＣＲ処理を施しておけば、旅先で閲覧するときに特定のキーワー

スキャンした本を検索可能なPDFにするには、ファイルをAcrobat Standardで開き、文書メニューから「OCRテキスト認識」を選択。その際、雑誌やガイドブックなどレイアウトが複雑なものは、「PDFの出力形式」に「検索可能な画像」を選ぶのがポイント。活字のみの本は「ClearScan」のほうがさらにファイルサイズが小さくなる。解像度は600dpiのままでOK。複数のファイルを一括で自動処理できるのが便利だ。

ドでの検索が可能になるのだ。これは紙のガイドブックでは絶対に無理な、電子ならではのメリットと言えるだろう。ＯＣＲのかけ方にもコツがあるので、右の写真とキャプションで補足しておく。

最後に、実際に電子書籍で旅先読書をするときの使用感についても触れておきたい。旅先で本を読む環境としては、機内やホテルの部屋といった屋内と、屋外の大きく2パターンが考えられる。屋内の場合、ｉＰａｄのような液晶端末のほうが読みやすいと感じた。機内では夜間は照明が落ちるから、バックライトがないＫｉｎｄｌｅなどの電子ペーパー端末だと読書灯に頼ることになるのだが、これが実際にやってみると結構しんどい。一方で屋外になると、液晶端末は太陽光が反射して読みづらくなる。屋外ではＫｉｎｄｌｅなど電子ペーパー端末に軍配があがると思う。自分の旅のスタイルに合わせて、電子書籍端末を取捨選択したいところだ。

モバイルルーターかテザリングという抜け道

ｉＰａｄには3Ｇモデルと Ｗｉ－Ｆｉのみの2種類がある。

どちらがいいのか？　購入を検討している友人からいつも質問を受けるのだが、私見としては、スマートフォンをすでに持っている人なら、Ｗｉ－Ｆｉモデルでも十分だと思う。もちろん３Ｇのほうが便利なのは間違いないので、お金に余裕があるなら素直に３Ｇにすればよいだろうが、キャリアと契約すれば月々の通信料も発生する。

スマートフォンやタブレット端末、さらにはノートＰＣや携帯ゲーム機など、最近のデジタルガジェットの多くは、通信機能としてＷｉ－Ｆｉが搭載されている。複数のガジェットで通信を共有できたら、さらに利便性は高まるし、コストも抑えられる。

そこでここ数年人気だったのが、モバイルルーターと呼ばれる製品だ。その名の通り持ち運べるルーターで、携帯電波さえ入れば、どこにいてもＷｉ－Ｆｉを複数の端末で共有できる。イー・モバイルの「Ｐｏｃｋｅｔ　ＷｉＦｉ」がブームの火付け役となったが、その後ドコモやソフトバンクからも発売されている。

あまり知られていないが、これらのモバイルルーターは実はＳＩＭロックフリーなのだ。つまり海外へ持って行けば、現地の安価なプリペイドＳＩＭを使って通信が行える。僕も一人旅ではなく、夫婦旅行など複数人で渡航する際にはこのモバイルルーターを使って１回線で通信を共有できる形にすることもある。スマートフォン単体での通信と比べる

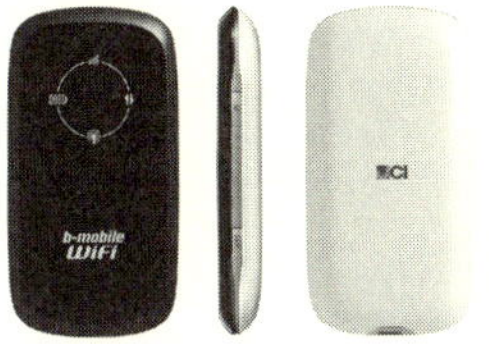

僕は日本通信の「b-mobileWiFi」というモバイルルーターを利用している。SIMフリーなので海外でも使えるし、キャリアと契約しなくても購入できるのがうれしい。日本通信はSIMフリー端末向けに、ドコモのネットワークをそのまま利用できるSIMカードを安価に販売している。僕も「b-mobile Fair 1GB」という、有効期間120日で転送量1GBまで使い放題のSIM（9,800円）を利用中だ。

と使い勝手は悪くなるが、通信料金を大幅に抑えられるのは魅力だ。

あると便利なモバイルルーターだが、最近はそれに取って代わるものも登場してきた。「テザリング」である。製品の呼称ではなく、スマートフォンの機能の一つで、簡単に言えばスマートフォンがモバイルルーターの代わりになるというもの。Ａｎｄｒｏｉｄのバージョン２・２から実装され、ｉＰｈｏｎｅでもｉＯＳバージョン４・２・５から「パーソナルホットスポット」という名でテザリングに対応した（ｉＰｈｏｎｅ４／４Ｓのみ）。

テザリングについては、日本では当初はキャリア側が使えないように制限をかけていたが、２０１１年になってついに解禁の動きが見え始めている。テザリングを解禁すると、モバイルルーターの存在価値がなくなるし、キャリアにとっては通信量の負担が増えるから二の足を踏んでいたのだろうが、時代の波には逆らえなかったというわけだ。ソフトバンクやａｕのｉＰｈｏｎｅに関しては依然としてテザリングが使えない状態だが、ＳＩＭロックフリー・モデルで海外の対応キャリアであれば、テザリングの恩恵は受けられる。

そんなに何台も通信端末は持って行かないという人であっても、たとえばスマートフォンをルーターにして、ノートＰＣでネットにつなぐという使い方ができるのは画期的なことだろう。テザリングが使えると、ＰＣでのネット通信にこだわりたい人にとっても、スマートフォンの価値がグッと上がる。

テザリングの登場によりすでに色あせてしまった感のあるモバイルルーターだが、従来の３Ｇよりも回線速度が速い次世代通信規格のものであれば、導入を検討する意味はあるだろうか。日本でもすでにＷｉＭＡＸが都市部を中心に急速にエリアを拡大しつつある。ＷｉＭＡＸは、米国や韓国といった一部の国々でも始まっていて、対応端末をそれらの国々へ持って行くと、ローミング使用もできる。またモバイルとはいえ、ＡＤＳＬ並みの通信速度が出るとされ、自宅の固定回線の代替としても期待されている。ＷｉＭＡＸ対応のルーターさえあれば、自宅でも外出先でもネットに接続できるのだ。さらに海外旅行でも、対応国・地域で利用できる。個人的にも大いに期待している。

回線の共有について、もう一つティップスを紹介したい。

ホテルの部屋でネットに接続できるのもいまや当たり前となったが、ホテルによってはWi-Fiではなく有線LANということがある。日本国内のビジネスホテルなどでは、むしろ有線LANのほうがまだまだ主流だし、僕の経験では海外でも中国や米国あたりはホテルのネット回線が有線LANのケースが多い印象だ。

PCを接続するだけなら有線LANでも我慢できるが、Wi-Fiで通信を行う各種ガジェット類ではお手上げ状態になってしまう。MacBook Airなど、有線LANを標準では搭載しないマシンもある。また、有線LANは1部屋に1回線しかないから、ネットに接続したい端末が複数あるときは、天を仰ぐことになる。

しかしこれにも解決策がある。ホテルの有線LANを自力で無線化してしまえばいいのだ。実はそのための機器が売られている。小型無線LANルーターだ。旅行用に特化した製品ではないが、旅人にとっては非常に強力な武器となるだろう。

スマートフォンやタブレット端末など、環境を整備すればするほど次々とお金が出て行くのが悩ましいところだが、この小型無線LANルーターは価格は安いので安心してほしい。ネット通販などで安いところなら、2000円ぐらいから購入できる。旅人の隠れ必須アイテムの一つではないかとさえ思っている。僕も旅行に必ず持って行く。

さらに言うと、小型無線LANルーターがない場合でも、有線LANをWi-Fi化できる裏ワザもある。PCを無線ルーター化するソフトウェアがあるのだ。僕が使っているのは「connectify」というソフト。必要なのはウィンドウズ7を搭載したノートPCで、旧式のウィンドウズビスタやウィンドウズXPでは非対応なのは残念だが、こちらはフリーソフトなので特別な費用がかからないのがうれしい。

回線を共有化すれば、コストを抑えられ、可能性が広がる。旅人の知恵なのである。

デジカメもスマートフォンと連携する

スマートフォンやタブレット端末、PCよりももっと身近で、おそらく旅先での使用頻度としては最も高いであろうデジタル系アイテムがある。

デジタルカメラ——いわゆるデジカメだ。旅の思い出を記憶ではなく、記録として残す。写真撮影は旅の大きな醍醐味の一つだと思う。一部のマニアや職業写真家の中には、いまだにフィルムカメラを使っている人もいるが、フィルムカメラは限りなく少数派だ。写真はもうデジタルに完全に取って代わられた感がある。

旅を始めたばかりの2002年頃、海外の途上国を旅していると、デジカメ自体がまだ珍しく、撮って見せてあげると喜ばれることがよくあった。フィルムカメラとは違い、撮った写真をその場で液晶モニタに表示できるデジカメは画期的なアイテムだった。写真を撮るという本来の目的以外に、現地の人たちとのコミュニケーション手段としても、デジカメが大活躍したのだ。

けれど、それももう昔話だろう。いまどきデジカメを見て驚く人は、世界中探しても相当珍しい部類に入る。それに、いまはどんなに安い携帯電話でもカメラが付いているから、比較的貧しい国でも携帯のカメラで写真を撮るスタイル自体は定着している。

僕も旅先ではデジカメで写真をたくさん撮る。日常生活ではほとんど撮らないが、旅に出ると無性にシャッターを押したくなる。旅先にもよるが、1日平均300枚ぐらいは撮るだろうか。基本的には動画ではなく、静止画がメインだ。

デジカメについても旅人なりのこだわりがある。僕個人のことをいえば、まだ25万画素しかなかった黎明期から、新機種が出るたびに買い替え続けてきた。これまでに所有していたデジカメの台数は、かれこれ30台は超えるだろうか。仕事でパソコン誌のレビュー記事を書くために、メーカーから借りて試用した台数も数えきれない。

そのうえで思うのは、単に写真を撮るということだけ考えると、デジカメの性能はもう頭打ちだと感じる。とくにコンパクトタイプのものは、個人的には、画素数が１０００万画素を超えた頃から、劇的な進化はなくなっていると思う。低価格化も激しく、１万円以下で買えるような激安のものであっても、昔から考えれば驚くほどにきれいに撮れる。

手ぶれ補正や高感度撮影といった、一昔前には目を引いた機能もいまやありがたみはない。光学ズームは３倍が標準的だったのが、小型機種であっても7倍、10倍が当たり前だし、広角も28㎜どころか24㎜ぐらいないとウリにはならない状況だ。直近１年間だけを見ても、ノイズを抑えて暗所でもきれいに撮れる裏面照射ＣＭＯＳや、フルＨＤでの高解像度動画撮影機能など、登場当初は注目度の高かった付加機能がすでに陳腐化している。

デジタル機器の進化は目覚ましいが、中でもデジカメの成熟ぶりは突出しているように感じるのだ。極端な話をすれば、どれを買っても外れはないだろう。あまりこだわりのない人ならば、デザインやメーカーの好みなどで選べばよいかもしれない。

どんな機種を使うにしろ、旅先でデジカメ撮影する際にオススメしたいのは、その機種の最高画質の設定で撮ることだ。メモリ容量を節約するために、わざと解像度を低く設定している人がたまにいるが、もったいないと思う。旅先での写真は、あとになって撮り直しができないものだ。メモリカードの価格も暴落しているので、予備を持って行けばよいと思う。

一方で、スマートフォンや最新の携帯電話に搭載されているカメラ機能もあなどれない。光学ズームや手ぶれ補正といったデジカメ顔負けの機能を搭載した機種もたくさんあるし、そうでなくても実際にはかなりのレベルの写真が撮れるから、写真も携帯／スマートフォンで済ませるという考え方もナシではないだろう。

とくにスマートフォンに関していうと、撮った写真を加工したり、オンラインのフォトストレージにアップしたりといった、応用的な活用が行えるのも魅力だ。カメラ系のアプリはかなり充実していて、ミニチュア風やトイカメラ風に仕上げるお遊びアプリや、ＰＣで定番のフォトショップのスマートフォン版など、奥深い楽しみ方ができる。

ますますデジカメの出番が減りそうなところなのだが、それでも写真はきちんとデジカメで撮りたいという人もいるだろう。実はデジカメとスマートフォンの連携は、いまホットなトピックスだ。Ｅｙｅ－Ｆｉをご存じだろうか。ＳＤメモリーカードにＷｉ－Ｆｉ機能を搭載したもので、撮影した画像を無線で転送できる製品だ。普通のSDメモリーカードより割高だが、その使い勝手の良さから静かなブームとなりつつある。

このEye-Fiを使えば、旅先でデジカメで撮った写真を、その場で無線でスマートフォンにコピーし、たとえばTwitterでつぶやいたりできる。旅から帰ったあとも、撮影してきた画像を、PCのハードディスクに無線で転送できる。ケーブルでカメラとPCを接続したり、カードを抜き出してカードリーダーで読み込んだりといったわずらわしい手順をショートカットできるというわけだ。

ただし弱点もある。転送速度が現状ではまだ遅いと感じる。デジカメの高画素化に伴

Eye-Fiのダイレクトモードを利用すれば、デジカメで撮影した画像を無線でスマートフォンに転送できる。一度設定すればあとは自動転送だ。

い、1枚あたりの画像データ容量も肥大化している。撮影枚数が少なければ気にする問題ではないが、旅行で大量に撮った場合などには、すべての画像を転送するにはかなりの時間を要するので注意が必要だ。また、転送時にはデジカメの電源をオンにするので、バッテリーの消耗も早くなる。これら弱点を割り切ったうえで、有効に活用したい。

データの転送に限らず、最近ではガジェットまわりのあらゆるものが無線化しつつある。ヘッドホンや、マウスなどはすでに無線のものを使用している人も少なくないだろう。気になるところでは、スマートフォンのバッテリーの充電を無線で行える製品も実用化され始めた。ケーブル類がなくなることは、旅行において荷物を減らせることを意味する。これもある意味デジタル化の恩恵だと思う。

ガジェットの電源・充電はUSBに集約

どんなアイテムであったとしても、デジタル系のガジェットを使う際に問題となるのはバッテリーだ。デジタルに頼って旅をするには、電力が欠かせない。

複数のガジェットを持ち歩く場合、それらの充電器だけでもカバンの中に結構なスペー

これは実際に旅先のホテルの部屋で撮影したもの。1つのACアダプタでUSB対応機器を最大4台まで充電できるものを使用している。

スが必要になる。荷物を極力減らしたいのに……と思うと、これが頭を悩ませる。

そこでオススメしたいのが、USBのACアダプタだ。それもジャックが複数付いているもの。僕自身は4口のものを使っているが、最低でも2口タイプがよいだろう。

スマートフォンや、最近ではデジカメのバッテリーなんかもそうだが、充電がUSBタイプのものが常識化しつつある。機器側のジャックはiPhoneなど専用のものもあるが、miniUSB、microUSBといった汎用的な端子に対応した機器が多く、同じケーブルを複数の機器で使い回せるのだ。たとえばAndroidのスマートフォンの多くはmicroUSB、Kindleもそうだ。携帯ゲーム機のPSPや、前述した有線LANをWi－Fi化する小型ルーターなどはminiUSBである。ケーブルは元から付いていたものでもいいが、巻き取り式のケーブルが売られているので、それを買い揃えるとさらに可搬性が増す。

USBのACアダプタについては、海外でも使用するのであれば、対応のものを選ばなければならない。だが、「海外対応」と謳《うた》っていない製品でも、100～240ボルトに対応しているものであれば、基本的に世界中どこへ行っても使用できる。

電化製品を海外旅行へ持って行く際に、以前は電圧を気にかける必要があった。重くかさばる変圧器をわざわざ持ち歩く人もいた。しかし、PCやデジカメといった最近のデジタル機器では、付属のACアダプタがそのまま外国で使用できると思っていい。デジタル機器以外だと、たとえばドライヤーは家庭用のものはNGだが、海外旅行用に売られている製品なら変圧器は不要だ。

問題となるのは、コンセントの形状だけだ。アジアだと日本と同じタイプのコンセントも多いが、国によって異なるので、コンセントの変換アダプタだけは持参したい。とはいえ、これはさすがに持ち歩いている人も多いだろうか。基本中の基本アイテムである。

ところで東日本大震災と、それに伴う福島第一原発の事故以来、電力供給に関する人々の考え方に変化が生まれているように感じる。クリーンで再生可能なエネルギーへと転換していこうとする動きも目立ち始めた。エネルギー政策を巡ってはさまざまな意見があるし、本書のテーマからは逸脱するが、この転換の流れは止まらないようにも思える。

散々デジタルに頼ってきた僕が言うのは矛盾する話だが、可能な限りの節電が必要ないま、ガジェットの充電などにも気を配る必要がある。我が家も太陽光発電システムの設置を検討しているところだが、もっと手っ取り早くできることとして、ソーラー充電タイプのエネループを購入した。念のため書くとエネループというのは、三洋電機が開発した、充電式で繰り返し使えるバッテリー製品の総称だ。単3や単4の乾電池タイプのもののほか、外出先でスマートフォンを充電できるモバイルタイプのものなどがある。

そのエネループの関連製品として、太陽光で充電できるものが売られている。海外では頻繁に停電が起こる街も少なくない。これがあれば、停電時にもガジェットを充電できるというわけだ。さらには電気なんて期待できない山奥へトレッキングに出かけるときや、テントを持ってキャンプ泊するときなども、大いに役立つだろう。

未来を見据えつつ、まずはガジェットの充電から脱原発してみるのも旅人ならではの試みではないかと思う。

旅の情報収集のためのネット

4

旅ほど価格差の大きな商品はない

何か買い物をする場合、複数の店で価格を比較したうえで購入するという人は少なくないだろう。高額な商品になればなるほど、リサーチにも力が入る。店によって数千円、ときには数万円違うとなれば、少しでも安い店を選びたいのは素直な心理だ。

旅行も同様だろう。よほどの富豪は別として、予算には限りがある。旅費は可能な限り抑えたいから、複数の可能性を比較検討する価値はある。

しかも旅行に関して言えば、その料金の幅はほかの商品と比べてもとくに大きいと思う。まったく同じ飛行機に乗って、まったく同じホテルに泊まったとしても、予約時期や予約方法によって驚くほど料金に差が出てしまうのだ。

いかにお得で効率のよい予約が取れるか——旅好きにとっては永遠のテーマと言っても過言ではない。そのために何より必要なのは、情報だろう。情報を持っている者こそが、ある意味で勝ち組になれるのだ。というより、情報弱者でいると確実に損をする。

旅の情報を収集するためには、ネットが大いに役立つ。航空会社やホテルのキャンペーン情報から、オススメの旅先まで、あらゆる情報がネット上に散らばっている。日頃からアンテナを張り巡らし、いざ旅へ出るときにも最大限活用したい。

参考までにモデルケースを一つ挙げ、実際に僕がどうやってネットで予約を入れているかを紹介しよう。とりわけ、ハイシーズンの海外旅行について考えてみたい。ゴールデンウィーク、夏休み、年末年始といった時期は、ご存じのとおり旅行代金が高騰する。航空券の料金は、平常時の倍額はくだらない。例としては、むしろおあつらえ向きだろう。

安く旅するためには、そんな混むタイミングに無理して行くのではなく、時期をずらすのが最も効果的だ。そんなことは、わかっている。けれど、無理してでもそれらの時期に行かないと、旅のための時間が確保できないという人のほうが大多数だろう。残念ながら、日本でまっとうな仕事をしている人の多くは、休みを取れる時期が限られる。

料金が高騰するハイシーズンは、それだけに攻略のしがいがある時期だと思う。予約の仕方による金額差が、平常時よりも大きくなるのだ。極端な言い方をするなら、限られた座席を巡っての熾烈《しれつ》な情報戦が繰り広げられている。僕はハードルが高ければ高いほど燃えるタイプなので、ネットに張り付いて徹底的に比較研究し、少しでもお得な予約を手に入れようと日夜奮闘している。

ハードルをさらに上げるために、少しマニアックな渡航先への旅を検討すると仮定しよう。ここでは独断と偏見で選ぶが、行き先はロシアの水の都サンクトペテルブルク――。冬は極寒の地となるロシアだから、できれば暖かい季節に訪れたい。２０１１年ならば、9月下旬に大型連休がある。19日(月)と23日(金)が祝日なので、間の20～22日の3日間を休みにできれば、前後2回の土日と合わせてなんと9日間も休みになる。いわゆるシルバーウィークというやつだ。この年の6月頃、実際に調べてみたので、以下そのときの話を書いておこう。

日本からサンクトペテルブルクへのアクセスは、首都モスクワかヨーロッパの各都市を経由するのが一般的だ。まずはマイルをためている関係で、スターアライアンスのルフトハンザ航空のサイトをチェックしてみる。ドイツのフランクフルト経由で、サンクトペテルブルクへ飛べるはずだ。フランクフルトは欧州のハブで、利便性が高いし、乗り継ぎ時の空港滞在が快適なのも魅力。ルフトハンザ航空のサイトは日本語対応で、旅行会社のサイトよりも安い運賃が出てくることが多いことも知っていた。

26日(月)から仕事へ行くためには、25日までに帰国したい。そうなると、時差があるので帰りは24日(土)に現地を発つ便がベストだ。成田から往路17日(土)、復路24日(土)で検索してみる……21万円、諸費用込みだと約26万。う～ん高い。夏の欧州行きは元々結構高めではあるので、不当な金額というわけではないものの、個人的には予算オーバーだ。

ほかのヨーロッパの都市はどうだろうか。パリ、ロンドン、アムステルダム、ヘルシンキ……日本からの便があって、接続に便利な都市を中心に検索するも、どこもルフトハンザ航空と大して変わらないか、安くても20万円前後もする。

もっと大幅に安くならないものか——。

仕方ないので、モスクワ経由を検討することにする。モスクワまではＪＡＬとアエロフロート航空の2社が飛んでいる。言うまでもなく、きめ細やかなサービスを期待でき、安心の面でもＪＡＬのほうがベターだ。ＪＡＬのサイトで検索してみると、諸費用込み約14万円。う～ん、ＪＡＬにしては安いほうだが、それでもそれなりに値が張る。

こうなると残る候補はアエロフロート航空だ。アエロフロート航空は料金の安さで知られるが、評判はあまり良くない。いざ調べてみると、予想外にもＪＡＬよりも高く、諸費用込み１８８０ＵＳドル＝約15万円強。こうなると、今回はＪＡＬで決まりかな……。

しかし、結論を出すのはまだ早い。僕の場合、ここから悪あがきを始めることになる。ネットを駆使すれば、さらにほかの選択肢を見つけることもできるかもしれない。

航空券の予約サイトをとことん見て回る。

フリーバード、スカイゲート、トルノス……航空券リアルタイム予約サイトは、ここまでの段階ですでにチェック済みだが、再度経由地をあちこちいじったりしながら、入念にチェックを重ねる。結果、軒並み全滅だ。高いものしか出てこない。

ダメ元で海外の航空券予約サイトを開いた。奥の手である。「ebookers.com」というイギリスのサイトはどうだろうか。当然ながら英語サイトになるが、航空券の予約ぐらいなら、そんなに難しい単語力は必要ない。成田の空港コード「NRT」と、ここまで検索する中で覚えたサンクトペテルブルクの「LED」を入力する。ネットで航空券を予約する際には、3文字の空港コードがわかるとよりスムーズに検索できるようになる。そして、Round-trip＝往復を選ぶ。日本ではあまり一般的ではないが、海外だと片道の国際線航空券も当たり前なので、One-wayではなくRound-tripに。さらには出発と帰りの日付を選び、「Search Flights」をクリック……。

——出た！　JALで諸費用込み781・3ポンド。日本円換算で約10万4000円。マウスを持つ手が震えた瞬間だった。JALのサイトで出てきたのと同じフライトだが、JALのサイトで予約するよりもなぜか3万円以上も安い。夫婦二人なら7万円近くも浮く計算になる。便のいいモスクワ経由でしかもJAL。もうこれ以上の航空券はないだろう。あきらめずに粘った甲斐があった。

ネットの中を何時間も彷徨《さまよ》って、とうとう最適解にたどり着いた。念のために書いておくが、この項で僕が言いたかったのはebookers.comが素晴らしいという話ではない。たまたま結果がそうだっただけであって、ほかのケースでは別の方法のほうがいい結果になることも考えられる。大事なのは、ネットならば検討できる選択肢の可能性が広がるから、手間をかけてでもじっくり探したほうがいい、ということ。

面倒くさいのは気が進まないという人でも、これだけの金額差があるのなら、重い腰を上げようという気にならないだろうか？　一方で、こうやって頭を悩ませながら旅の計画

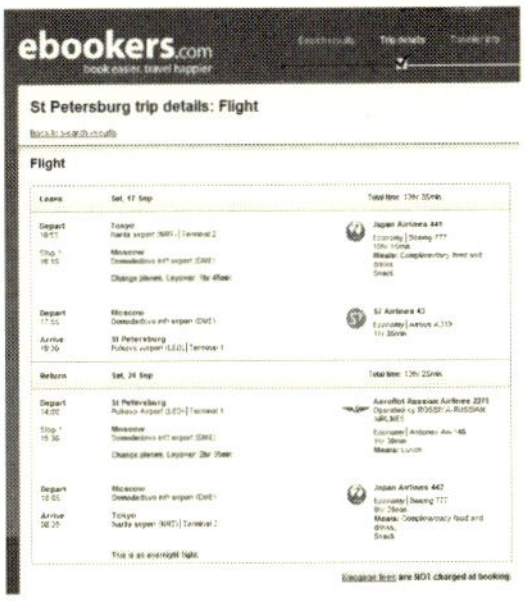

シルバーウィークのロシア行き航空券の購入はebookers.comが最安だった。http://www.ebookers.com/

航空券のオンライン予約に関しては「スカイスキャナー」（http://www.skyscanner.jp/）も便利だ。海外発やLCCにも対応しており、ebookers.comなどの空席状況も一括で検索してくれる。スマートフォンの無料アプリも用意されており、PCサイトで検索するよりずっと手っ取り早いので、アプリがオススメ。

を練ることに喜びを感じるのは、旅好きの性だったりもする。ともかく、アナログ時代には、一個人がここまで突っ込んでリサーチすることは難しかった。自宅のPCで、イギリスの会社から航空券を買うなんて、まさにネットならではの画期的な予約方法だろう。

手間を厭《いと》わずに、ネットの力を信じるべし。さすれば、きっと幸せになれる。

デジタル万歳！　なのである。

ネット検索のリテラシーを磨く

「ググる」という言葉がある。ネットで調べ物をする際に、グーグルで検索をするのが日常化したことで生まれたネット用語だと思う。何か知りたいことがでてきたら、ググると答えにたどり着けることは確かに多い。ピンポイントな情報であればあるほど、検索のありがたみは大きくなるだろう。実際僕も、調べ物はまずググることから始める。

検索に関しては、ある程度コツのようなものがあって、漠然とキーワードを入れただけでは、目的の情報にたどり着けないことも少なくない。

前項の続きでロシア旅行を例に考えてみよう。無事にお得な航空券を購入できたら、続いてより具体的にどんな旅行にするかのプランを練ることになる。ロシアの場合だと、まず真っ先に気になるのはビザの問題だろう。日本人なら短期滞在にはビザが不要という国が増えているが、ロシアはいまだにビザが必要だ。

「ロシアのビザって、なんかいろいろ面倒だったような……」

旅好きなら、ロシアへは行ったことがないとしても、かの国のビザ事情が生やさしいものではないことぐらいは、知識としてなんとなく知っていたりする。

ここで、「ロシア　ビザ」などと入力してググると、ロシア大使館のサイトや、ビザ取得代行サービスを提供する旅行会社のサイトなどが上位に表示される。それらをざっとチエックすると、ビザの取得にはあらかじめすべての旅程を決め、ホテルも事前に予約してバウチャーを取得したうえで、書類や写真、手数料などを支払って申請しなければならないことがわかる。個人旅行がしにくい国なのだ。また手数料は発給までの所要日数によって変わることも、ネットの情報ですぐに判明する。

個人旅行者にとってとくに気になるのは、宿を事前に決めなければならない点だろう。予約なんてせずに、現地に着いてからどこに泊まるか考えるという人は多い。でもビザを取るためには、ホテルの予約が必要なのだ。仕方ないのでネットで予約できるホテルを見てみると、全体的にお高めな印象を受ける。最低でも1万円はくだらないようだ。

「ロシアはホテルが高いって聞いたけど……。う〜ん、こんなにするとは……」

予算オーバーなのである。ネットで予約ができて、バウチャーが出るようなホテルは標準以上の水準のところばかりだから、どうしても高くついてしまう。

何か抜け道はないものか。ここで、実際にロシアを旅した人の体験談にヒントを求めてみようと思いついた。パックツアーではなく、個人旅行で訪れた人たちはビザの問題をどうクリアしたのか、気になるところである。

しかし、先の「ロシア　ビザ」というキーワードでの検索だけだと、そういった個人の

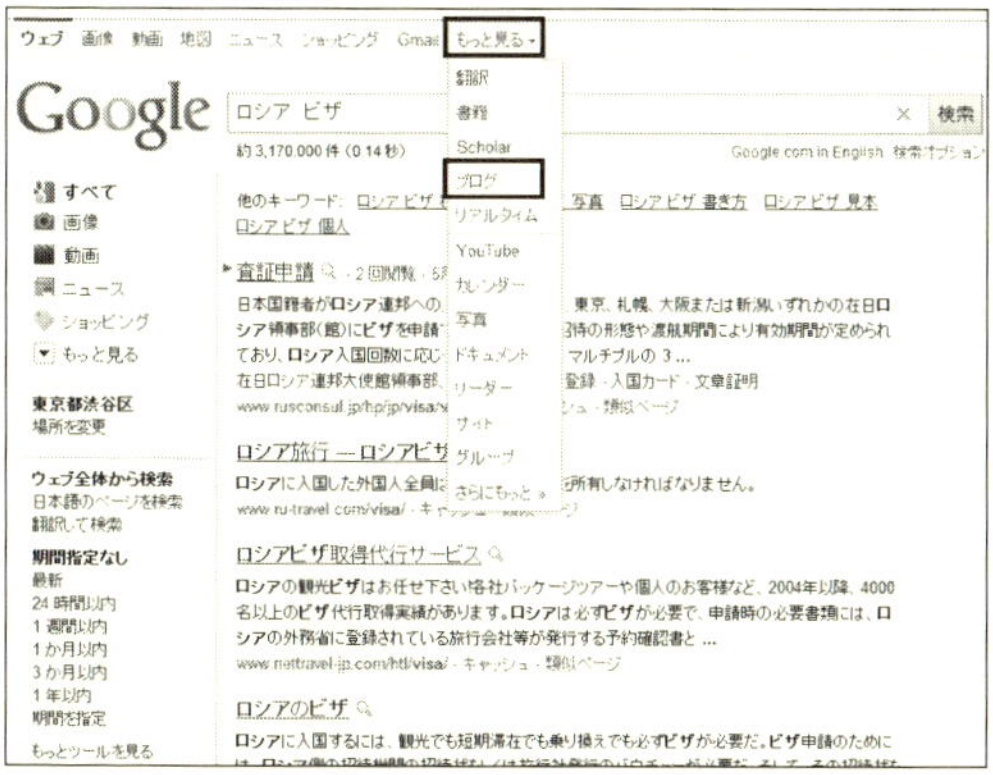

Googleの検索結果画面から「もっと見る」→「ブログ」と選ぶと、ブログに限定して検索できる。ビザのように鮮度が重要な情報を探す場合には、さらに日付順で並べ替えよう。

体験談はなかなか見つけにくい。検索するにも工夫が必要なのだ。

個人のサイトになると、いまはホームページよりもブログのほうが主流だろう。つまり、ブログに限定して検索したほうが、個人による情報がヒットする確率が高くなる。通常のウェブ検索からブログ検索に切り替えてみる。「ロシア　ビザ」でググっていたなら、グーグルの検索結果画面の上の「もっと見る」をクリックし、「ブログ」を選べばよい。検索するキーワード自体は変わらないが、検索する対象をブログに限定するのである。

するとすぐにブログ検索の結果が表示されるが、ここでもう1ステップ操作を行う。画面左のメニューから「日付順」をクリックしよう。検索結果を更新日時の新しい順に表示するのだ。ビザの情報というのは流動的なので、古い情報は確実性が落ちる。できる限り最新事情を得るためには、日付順で並び替えるとより完璧なのである。

これで個人でロシア・ビザを取得した人たちの情報にたどり着いた。先人たちの体験談を読むと、さらに具体的な状況がつかめてくる。どうやら、ビザ取得のために空のバウチャーをわずかな手数料で発行してくれる、ロシアの旅行会社があるらしい。申し込むと翌日にはPDFでバウチャーが送られてくるそうだ。ブログにはその旅行会社へのリンクも張られていた。また、以前はロシア周辺諸国でなら比較的簡単にビザが下りたが、最近は日本人なら在日ロシア領事部（館）でないと申請できなくなった、という新しい情報も見つかった。

これだけわかれば十分だが、さらに情報を補完するために、Q＆Aサイトでも検索してみる。「Yahoo！知恵袋」や「教えて！goo」（OKWave）などのQ＆Aサイトも、ピンポイントな疑問がある際には、回答が見つかる可能性の高いサイトだ。自らQを立てて質問してもいいが、多くの人が疑問に思いそうな内容は、すでに過去に同じ質問が出ていることがほとんどだ。「ロシア　ビザ」で検索すると、期待通り、欲しかった情報がたくさんひっかかる。ここでも日付の新しい順に並び替えてから、詳細をチェックしていくとよい。領事部の職員によっても対応が変わる、なんて現実に即したエピソードを読み、さもありなんと想像したり、トランジットの場合にも街に出るためにはビザが必要で、そのためにビザを取った人の話などが興味深い。

ロシア・ビザの情報を調べる一連の流れは以上だ。ちなみに『地球の歩き方』などのガイドブックにも、ビザの情報は載っているので、本でチェックするという人もいるかもしれないが、ハッキリ言ってオススメできない。ビザのような流動的な情報は、ガイドブックに書かれた内容が古くなっていることが多く、鵜呑《うの》みにするのは危険だからだ。メディアには得手不得手がある。情報に鮮度を求めるなら、ネットのほうが有用だ。

一方で、サイトに書かれた情報にも、同様に不確かな内容は少なからずある。情報をどう判断するかは、読み手の自己責任と言える。あくまでも参考情報に過ぎないから、百パーセント依存しないほうがいい。言うまでもなく、ネットの情報は玉石混淆《こんこう》だ。

そんな前提をわきまえたうえで、石ではなく玉を探す。ネット検索のリテラシーとは、そういうことなのではないかと思う。

効率的で迅速な情報収集を

ビザのようなニーズの高い情報は、比較的簡単に探し出せる一方で、単に検索しただけではなかなか見つからない情報も案外多い。少しでもお得に、そして快適に旅をするために欠かせない数々の情報を、ではどうやって入手するのか。

これはもう日々の積み重ねだと思う。いざ旅行へ行こうと思ってからあれこれ調べ始めたのでは遅いというか、どうしても限界がある。常日頃から、情報への感度を高めておくことが何よりも大事だ。

それも極力手間をかけずに、効率よく情報を手に入れたい。楽して美味しいところだけ持って行こうというのも邪《よこしま》な発想ではあるが、ネットの膨大すぎる情報量に溺れてしまわないためには、利用できるモノはとことん利用させていただく。

あえて言うが、日々の情報収集は「受け身」がよいと思う。そのうえで、さらに詳細な情報が必要になった時点で、初めて自ら情報を求めて動く形。当たり前だが、時間には限りがある。むやみやたらと情報の海にこぎ出してしまうと、収拾がつかなくなる。

黙っていても、自分のところに自然と情報が集まってくるようにできるとベストだ。そんな夢のような世界も、ネットのおかげでいまや現実のものとなった。

必要なのはRSSリーダーと、Twitterなどのソーシャルメディアだ。

RSSリーダーは、ブログなどを巡回して更新情報を取得するツール。僕は「Googleリーダー」を使用している。最近はブラウザにも標準で実装されるほどに普及したRSSリーダー機能だが、複数のPCやスマートフォンとの連携など、総合的に考えるとGoogleリーダーが最も使いやすいと感じる。これに旅関連のニュースサイト、お得な航空券情報、旅仲間たちのブログなどを登録しておけば、更新されるたびに自動的に情報が入ってくる。全部を読むのは非効率だし、無駄も多いので、まずは見出しを

Googleリーダーに登録してあるRSSフィードを閲覧できるiPhoneアプリ「Byline」。250円と有料だが、一度使い始めると手放せなくなる。

ざっとチェックし、気になったものだけを拾って読めばいい。

Twitterも同様だ。旅の情報ソースとして自分が価値があると感じたアカウントをフォローする。Twitterの場合には、単なる友人や旅関連以外のアカウントも共存するので、フォロー数が増えてきたらリストで分けると効率的だ。Twitterは何をつぶやけばいいのかわからない……とあまり馴染めない人も多いと聞くが、自分から発信せずとも、情報収集ツールとしてのみ使ったとしても非常に便利だと思う。RSSリーダーよりもTwitterのいいところは、情報の鮮度がさらに高いという点だ。いまこの瞬間に起こっている事象が、リアルタイムに情報として手に入る。

RSSリーダーもTwitterも、PCを立ち上げずともスマートフォンだけですぐにアクセスできることも大きな魅力だろう。連携するためのアプリが多数リリースされており、画面は小さいスマートフォンなのにPCより閲覧しやすかったりもする。ちなみにRSSリーダーは「Byline」というGoogleリーダーと同期するアプリを、Twitterは「Echofon」というクライアントを、僕はiPhoneで愛用している。

いずれにしても、これらの方法は「受け身」なので気楽なものだ。自動的にどんどん情報が流れてくる。これが一昔前だったら、ブラウザの「お気に入り」に登録したサイトを巡回するという、いまとなっては考えられないほどに原始的なやり方が普通だった。

ところで、Ｙａｈｏｏ！ＪＡＰＡＮのトップページに表示される「トピックス」は、日本のウェブサイトでも屈指のアクセス数を誇るという。ブラウザを立ち上げて最初に表示されるサイトをＹａｈｏｏ！ＪＡＰＡＮに設定している人が多いせいもあるだろう。パッと見て目立つところに気になるニュースの見出しが並んでいるから、何か調べ物でもしようと思って立ち上げたのに、本来の目的そっちのけで、それらの見出しをクリックしてしまう人もおそらく少なくないはずだ。僕もよくお世話になっていた。

トピックス自体はＹａｈｏｏ！ＪＡＰＡＮが記事を執筆しているわけではなく、新聞社

スマートフォン用のTwitterクライアントは種類がたくさんあるので、好みで選べばいいと思う。僕はiPhoneは「Echofon」、Androidは「twicca」をメインで利用している。なおiOS5からはTwitter機能が統合された。

やニュースサイトに掲載された記事を転載する形でまとめているポータル的存在である。膨大なニュース情報の中からYahoo！ ニュースの「中の人」（編集部）が厳選して、目を引く見出しと表示させる順番を考えているというが、これだけ世の中から支持を得ているということは、その編集力によるところも大きいのだろう。

そんなYahoo！トピックスだが、僕は最近になって情報の遅さが気になるようになってきた。Twitterで見てもう知っているよ、という情報がさも速報であるかのごとく更新されているのを見て、率直に言って「時代は変わったな」と感じてしまった。

Yahoo！ ニュース・トピックスは、Twitterで公式アカウント（@Yahoo NewsTopics）を開設している。更新情報が随時タイムラインに流れてきて、実はこれを見れば済んでしまうことにある日気がついた。そして、情報ソースという分野ではあれだけ輝いて見えた大きなサイトが、タイムラインに流れた瞬間に、情報の1コマに過ぎなくなってしまうことに気がついた。

「ソーシャルメディアの時代とは、そういうことなのか！」

僕にとっては、目からウロコだったのだ。あえて特定のサイトを挙げたのは別に批判をしたいわけではなく、情報収集について考える一つのわかりやすいサンプルとしてのことだ。より迅速に効率よく情報収集したいなら、旧来のやり方に固執しないほうがいい。これは旅には限らない話だが。

旅情報を取捨選択する

一口に旅の情報といってもいろいろある。何が自分にとってより価値のある情報なのか、取捨選択が迫られる。そのための基準は各自で設けたほうがよいのは言うまでもない。旅の情報の傾向をまとめてみると、大きく次の三つに分けられるだろうか。

(1) 格安情報

もっとも歓迎したいのが、金額に関する情報だろう。誰しも出ていくお金は極力セーブしたいのが人情のはずだ。お得な航空券やホテルの割引情報などを、他人よりも多く、そして迅速に知ることができれば、確実にアドバンテージになる。

シンプルに激安情報といった類いでなくても、たとえば「来月から燃油サーチャージが上がる」といった情報も必ず押さえておきたい。燃油サーチャージの額もバカにならないから、値上げ情報を事前に知っていたなら、その前に発券を済ませておくのが常識だ。

お金とは直接関連しないものの、ボーナスマイルが付与される各種キャンペーンや、特典航空券の必要マイル割引期間などの情報も、真っ先に知りたい内容だ。旅好きで、マイルをためていない人のほうがもはや少数派だろうし、マイルはある意味でお金以上に価値があると僕は思う。これらの情報は、旅先や出発時期を考えるうえで指針の一つになる。

(2) 航空会社情報

旅のパーツで最重要なのは航空券である。移動手段を確保しないと始まらない。運賃はもちろんのこと、どこの航空会社がどんな路線を飛んでいるかは気になるところだ。とくに新規就航の情報などは、知っているといないでは、旅を計画するうえで大きな差が出る。よく行く都市があるなら、増便・減便の情報も併せて把握しておきたい。

また、航空会社のアライアンスへの加盟・脱退といったニュースもインパクトのある情報だ。それによって搭乗する航空会社の選択基準が変わってくるし、ためたマイルの使い道にも影響する。全部を追うのは大変かもしれないが、最低でも自分がメインでためているアライアンスぐらいは常時フォローしておいたほうがいい。

(3) 現地情報・世界情勢

旅をするうえで役に立つかもしれない、具体的かつ個別の各種現地情報。例を挙げるなら、「バンコクで空港から市内へ移動するための高速列車が開通した」とか、「トルコで通貨単位を切り上げるデノミが行われた」とか、「インドの空港でアライバルビザが取得できるようになった」などなど。旅人としては、そもそもその種の情報には興味津々だったりするので、別に行かないとしてもマメ知識として知っておきたいネタともいえる。

また同時に、世界の政治や経済のニュースに敏感でいると、旅をするうえで心強いだろう。「若者によるデモが頻発している」「政権交代により経済が悪化、都市部では治安が悪くなった」などの情報は旅をするうえでは意外と必要になってくる。

ほかにも、為替市場の相場などは、毎日でも追いかけておくべき情報の一つだ。円高のタイミングで海外旅行をすると、その恩恵は大きい。第2章で紹介した海外製スマートフォンも、円高だと買いやすくなる。旅に出る前の時点でも、為替相場を見極めるといいことがたくさんある。外資系の航空会社だと、燃油サーチャージを外貨建てで計算するので、円高のタイミングで発券すると得をする。旅に持って行く資金を、銀行で外貨運用しておいて、相場のいい時期にキャッシュとして引き出すなども小技である。

以上、わかりやすいと思われる順に三つの情報ジャンルを挙げてみた。

これらの中で最も重要なのはどれだろうか?

――こう問いかけたなら、多くの人は「(1)格安情報」と答えるかもしれない。お金の情報は懐事情に直接影響するから、単純に考えればそういう結論になるはずだ。旅のマニア度が高い人=エアライン・マニアだったりするので、「(2)航空会社情報」を挙げる人もいるだろうか。

けれど、実は僕の場合には、最も重視するのは「(3)現地情報・世界情勢」だ。即効性がないものはついスルーしがちだが、小さな情報でも、ちりも積もれば、なのだ。旅は娯楽の一種だと僕は割り切っているが、一方で世界を旅するということは、自分の中の好奇心を満たす行為だとも思う。旅をそのための手段の一つとして捉えると、(3)が俄然大きな意味を持つことになる。そして旅をしていないときにも、世界に対して関心を注ぐ。普段から旅をするようにアンテナを張り巡らせる、というわけだ。

世界がいまどうなっているのか――知りたいし、知っていると、いざ旅に出たときにそれら知識が強力な武器になる。（1）や（2）は金銭面等でダイレクトにメリットを享受できるだろうが、所詮はその場限りの俗な情報に過ぎないという考え方もできる。長い目で見ると、単なるお得情報よりも、人生の糧《かて》となる知識の集積のほうが役に立つと思うのだ。そのための情報収集なのである。

ネットに頼り過ぎない旅人に

僕はネットの力を信じている。けれど同時に、万能ではないことも知っている。ネットには大いに頼るべきだが、頼り過ぎてはいけないのだ。話が矛盾するようで恐縮だが、ネットについて語るなら、避けては通れない話だろう。

先にも少し書いたが、掲載されている情報が正しいか否かは、誰も担保してくれない。だからまずは、出所がどこなのかを常に気にする必要がある。またＴｗｉｔｔｅｒなどのソーシャルメディアでは情報の拡散が高速なぶん、いわゆるデマなどもあっという間に広がりがちだ。よく言われることだが、一次ソースはどこなのか、誰の情報なのか、は情報の価値を見極める際に大きな基準となる。

とくに見ず知らずの個人のサイトに出ている情報などは、間違っている可能性を念頭に置いたうえで割り切って活用したほうがいいだろう。その情報によって不利益を被ったとしても、誰も責任を取ってはくれない。

とはいえ旅のサイトに限って言えば、ほかのジャンルと比べて、ウソの情報は少ない気はする。発信者がウソをつく必然性がないからだ。仮に間違った情報が載っていたとしても、多くは事実誤認、つまり単なる勘違いである。そこに悪意があるとは考えにくい。

また旅行会社や雑誌などの、オフィシャル性の強いサイトだと、広告主への配慮から書けないような情報があったり、そうでなくても世間に気兼ねして当たり障りのない情報しか載っていなかったりする。制約のない個人サイトのほうが、より現場感覚に近いというか、旅人のリアルな実体験を元にしており、むしろ説得力があることも少なくない。

あとは、いつの情報なのかが重要なのは、ビザの話でも触れた通りである。旅先の情報は変化が激しいのだ。サイトに出ていた住所を頼りにレストランへ行ってみたら、もう閉店していた……なんてことは実際によくある。

結局のところ、情報とは受け手側次第なのだと思う。

探して、検証して、活用する——情報処理における一連の流れの中で、「検証して」の

アナログの情報源としては、観光案内所はなんだかんだいって重宝する。現地で困ったときの駆け込み寺だ。写真はシンガポールのビジターセンター。

部分は省略しないほうがいい。情報が正しいか、自分にとって有用かの最終判断を下すのはほかならぬ自分自身なのである。

また、「ググる」だけではわからないこともある。ネット上にはあらゆる情報が集まっているが、すべての情報がネットだけで必ず見つかるとも言い切れない。とくに旅の情報は、まだアナログのままでデジタル化されていないケースも多々ある。

昨年（2010年）僕は夫婦で短期世界一周をしたが、その際ためたマイルの特典航空券を活用した。そのときの話だ。マイルをためて特典航空券に引き換えるための情報はいくらでもネットで見つかるが、これが世界一周となると途端に情報が乏しくなった。実は通常の特典航空券と世界一周の特典航空券では、ルールや条件に細かな相違点があるのだが、個人サイトだけでなく、いわば一次ソースともいえるJALやANAの公式サイトにすら、その辺の詳しい情報は載っていなかった。

最終的には、航空会社に電話で確認を取った。ネットに情報が出ていないときは、アナログで突破するしかなくなる。さらには実際に予約を入れる段階でも、問題が生じた。燃油サーチャージや税金の合計額が、世界一周だと複雑すぎてウェブ上では計算・表示できないのだという。これも担当者に電話で聞くしかなかった。

「本当に大事な情報って、ネットには意外と書いてないよね」

僕の周りの人間からはよくこんな意見を聞く。その通りだと思う。

世界一周のエピソードはレアケースかもしれないが、いくら検索しても見つからない情報はまだ確実に存在する。

クチコミ情報を有効活用するための心得

ネット上に散らばる情報の中でも、とくにありがたいのがユーザーのクチコミ情報だ。

個人のサイトだけでなく、クチコミ情報を集めたいわゆるクチコミサイトも根強い人気がある。最も有名なところでは、「価格コム」や「食べログ」といったサイトなどが挙げられるだろうか。旅行の分野では、「4travel（フォートラベル）」も忘れてはならない存在だ。

これらのサイトは、「CGM」などと称されることがある。CGMとはConsumer Generated Media（コンシューマー・ジェネレイテッド・メディア）の略で、要するに消費者であるユーザーがコンテンツを生成していくメディアのこと。ここで言うコンテンツとは、クチコミ情報を指すというわけだ。

「ウェブ2・0」という言葉が流行った時代、その象徴の一つとしてCGMがしばしば取り沙汰されたのを記憶している人もいるだろう。クチコミに特化したサイトではなくても、機能としてクチコミ情報を導入したサイトも多かった。身近な例だと、アマゾンのカスタマーレビューなどもその種のクチコミ情報といえる。

前述したフォートラベルでは、ユーザーが自分の旅行記をアップし、ホテルなどの旅のクチコミ情報を共有する仕組みが旅人にウケた。単なるクチコミ集積所ではなく、コミュニケーションの場としても機能しているのだ。強引にくくるなら、mixiのような

ＳＮＳの旅人版とでもいった立ち位置になるだろうか。

フォートラベルのほかにも、この手の「旅のクチコミ」サイトはいくつかある。たとえばガイドブックの定番『地球の歩き方』が開設した「旅スケ」、楽天トラベル内に設けられた「旅コミ」など。だが、大本命ともいえるサイトは、海外からやってきた。

「トリップアドバイザー」である。旅を構成するパーツの中でも、とくにホテル情報に強いクチコミサイトだ。ホテルごとにユーザーがクチコミ情報を投稿し、そのデータを集計してランキング表示されるのがわかりやすい。ほかのサイトが日本限定のローカルなサービスなのに対して、グローバルで世界中のユーザーが投稿しているのも旅慣れた人には魅

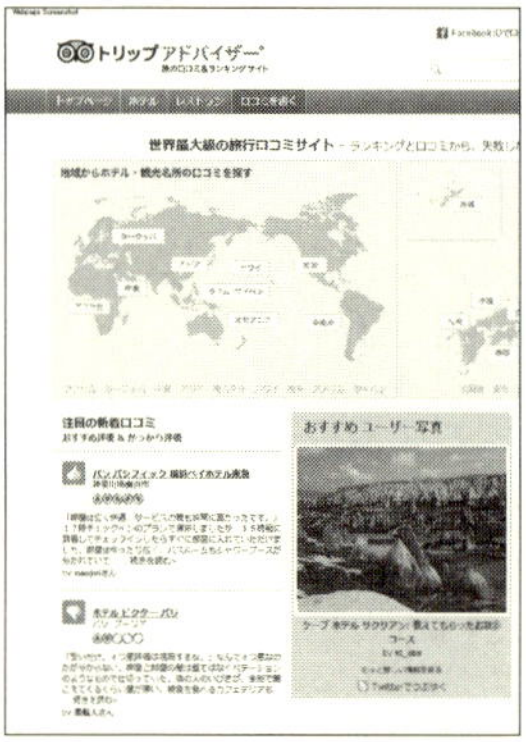

旅のクチコミサイトとしては世界最大級の「トリップアドバイザー」(http://www.tripadvisor.jp/)。海外のホテルを予約する際には、僕はまずここでチェックする。

力で、日本人があまり行かないようなマニアックな旅先までカバーされている。毎月なんと2500万人以上が利用し、取り扱うスポット件数は5000万件を超えるという。

そして気になるホテルを見つけたら、そのホテルの空き状況と料金を、「エクスペディア」や「BOOKING.COM」といった複数の予約サイトで一括検索して比較検討できる。海外だけでなく、日本国内のホテルにも当然ながら対応しており、こちらはJTBや日本旅行、じゃらんなど主要な国内の予約サイトは網羅している。

コミュニケーションは不要で、純粋にクチコミ情報だけを求める人には、フォートラベルよりもトリップアドバイザーのほうが実用的だろう。ホテルをネット予約する際には、2011年現在、個人的に一番オススメのサイトだ。

いずれのクチコミサイトを利用するにしても、クチコミサイトならではの注意点もある。前項で書いたように、情報を吟味してどう活用するかは利用者の判断次第だ。みんなが絶賛しているからといって、それがすなわち自分にとっても魅力的なホテルになるかどうかは、実際に泊まってみないとわからない。

また、いわゆるサクラ的な書き込みが混じっていることもあるので注意したい。とくにトリップアドバイザーはユーザー数が多く、しかもランキングで表示されるということで、その影響力をホテル側も気にしているようだ。ホテル側の人間が意図的に情報を操作している形跡が、ユーザーからのクチコミでしばしば指摘されている。そこまで露骨ではないものの、実際に僕自身が体験した次のようなエピソードもある。

旅から帰国して数日後のことだ。現地でお世話になったホテルのマネージャーから英語のメールが届いた。お礼のメッセージに加えて、次の一文とリンクが添えられていた。

「もしよかったら、トリップアドバイザーに感想を投稿してください」

クチコミで評判が上がれば客は増えるし、逆に悪評ばかりだと客は離れてしまう。売り上げに直結する問題だけに、クチコミサイトでいかに評価されるかは重要な問題なのだ。それだけ、トリップアドバイザーが世界中で広く認知されているという証しでもあるが。

ところで、クチコミ情報を日々熟読し、それらを実際の旅行で活用するようになると、いろいろと気がつくことも出てくる。中でも僕は、クチコミで「悪い」とされている点に注目する。落ち度のまったくない超高評価のホテルを選べば間違いないのは確かだが、それらはつまるところ、その町一番の超高級ホテルだったりする。トリップアドバイザーのランキング上位に表示されるホテルの多くは高級ホテルだ。

翻って僕の場合、泊まる宿のランクは正直そんなに高くない。ときには高級ホテルに泊まることだってあるけれど、基本は中級～安宿ばかり。多少の欠点には目をつむりつつも、値段の割に実はイイ！　掘り出し物ホテルを探すのにクチコミ情報と格闘することになる。100点満点は期待できないが、70点ぐらいは狙いたいというわけだ。

そんな基準で情報を見ていくと、深読みするノウハウも身に付いてくる。

たとえば、「繁華街の通りに面していて夜はうるさかった」とネガティブな評価が書いてあったとしよう。書き込んだ人にとってはその通りの感想なのだろうが、逆に考えると、遅くまで夜遊びしたい人にとっては便利なホテルともいえる。

ほかにも、「朝食のバリエーションが少なくて飽きた」と書いてあったら、連泊向きではないものの、1泊程度なら気にする必要はないだろうと読み解ける。あとは、これは日本人の書き込みに多いのだが、「バスタブが付いていなかった」という理由で評価を低めにしている人が驚くほどに多い。シャワー派でバスタブにはこだわりがない僕としては、こういう評価は差っ引いて捉えることにしている。

写真についても、おおざっぱながら読み解けるものはある。部屋の写真に映っているテレビ。これが液晶テレビではなく、ブラウン管のものだったとしたら、設備の古いホテルである可能性が高い。古いホテルだからといって必ずしも減点するわけではないが、一つの判断材料にはなるだろう。

また、これはクチコミ情報というよりは、ホテル側の公式情報の深読み方法になるが、ついでに書いておくと、部屋の広さを想像する際には、写真の焦点距離も参考になる。ホテルのサイトに出ている写真を見ると、明らかに広角レンズを使って撮られたものが多いことに気が付く。実際の広さよりも広く見せるために広角レンズは効果的なのだ。海外のホテルの中には、わざわざ魚眼レンズを使って撮った写真を掲載しているところもたまに見かける。新しめのシティホテルなどに多いパターンだが、魚眼レンズは部屋の狭さを隠すための反則技にも思える。

最後に一つ提言を。クチコミサイトを活用する際には、情報を参考にさせてもらうだけでなく、自らもクチコミ情報を投稿することを強くオススメしたい。クチコミサイトは集合知により成り立っている。自分だけが良ければいい、という考え方ではなく、後に続く旅人のことも考えたい。ひとつひとつの書き込みは微力かもしれないが、それらが集積されることで情報としての価値は増す。ギブアンドテイクという言葉もある。

トリップアドバイザーなどに情報を投稿することは、自分にとっての旅のログ代わりにもなる。それでいて、その記録がほかの人の役にも立つ。一石二鳥なのだ。

いま目の前にある店が美味しい店か否か

出発前、もしくは宿の部屋やネットカフェなど、かつては限られた場所でしか行えなかったネットでの情報収集だが、スマートフォンの登場と、旅先でのモバイルインターネット常時接続の実現により、身近なものとなったことはこれまでも繰り返し述べてきた。

旅先で何か知りたいことが生じたら、その場でググればいいのだ。またスマートフォンならではのメリットとして、旅先での情報収集に役立つ専用アプリが使えるのも便利だ。

たとえば現地通貨に両替したい場合、銀行や両替所に掲げられたレートの数字を見比べることになる。ただし、それらはあくまでもその銀行や両替所におけるレートであって、同じ日の同じ時間であっても、場所によって差が出てくる。両替してくれる側も、立地や利益のことを考えて色をつけている。

こんなとき、その瞬間の市場での実際の為替レートを把握できるとさぞかしありがたいだろう——ずっと思っていた。これもスマートフォンで解決できる。最も手軽なのは、グーグルの検索窓に「1ドル」などと打ち込んでググればいい。これはスマートフォンではなく、ＰＣで調べる際にも便利なグーグルの隠れ機能だ。

ドルやユーロといった主要通貨は馴染みもあるので、あまり気にならないかもしれないが、これが初めて行く国で初めて手にした通貨とかだと、わけがわからなくなることもある。たとえばバリ島の市場でお土産を買おうとしたとしよう。値札なんてついていない。店の人に聞いてみると、10万５０００ルピアだという。

「10万５０００ルピアって日本円でいくらだろう？」

なんとなく吹っ掛けられている実感はあるものの、桁が大きいのもあり、とっさに頭の中で計算できない。こんなときも、スマートフォンで「10万５０００インドネシアルピア」でググる。すると、約千円ぐらいだとすぐさま判明する。

「10万５０００ルピア」ではなく、「10万５０００インドネシアルピア」と入力するのがポイントだが、少しわかりにくいという人は、為替レートを計算するスマートフォン用アプリを導入するといい。というより、できることなら為替レート計算アプリはあらかじめ入れておくことをオススメする。僕はｉＰｈｏｎｅの「Currency」というアプリを使っているが、ほかのアプリでもレートの計算だけならそれほど大差はないと思う。グーグルの検索窓だと、標準では自動で日本円に換算されるが、アプリを使うとインドネシアルピアがUSドルで何ドルか、といったより応用的な計算も可能だ。またマイナーな国や、小国も含め、世界中のほぼすべての国の通貨に対応しているのも旅好きにはありがたい。

ほかにもスマートフォン用の旅行系アプリとしては、前項で挙げたトリップアドバイザーの公式アプリも使い勝手がいい。画面の小さなスマートフォンでは、PC用のウェブサイトのままだと操作しにくいため、各サイトはスマートフォン向けの専用サイトや、サービスを利用するためのインターフェイスとなるアプリを用意していることが多い。トリップアドバイザーも、iPhoneやAndroid用のアプリを無料で提供している。

中でもiPhoneのアプリのほうには画期的な機能が搭載されている。その名も「ライブビュー」。iPhoneのカメラを起動させ、そのリアルタイム映像上に、ホテルやレストランのクチコミ情報を表示させるというものだ。

「えっ？　どういうこと……？」

話を聞いてもピンと来ない人もいるだろう。実際にやってみると簡単なことだ。目の前にあるレストランにiPhoneをかざす。すると、そのレストランのクチコミ情報が画面に表示されるのだ。まるでSFの世界の話にも思えるが、すでに現実のものとなっている。アニメ『ドラゴンボール』に登場するスカウターを想像すればいい。スカウターは敵の戦闘力をはかるものだったが、アプリではレストランなどの評判を調べられる。

　この技術はＡＲ（Augmented Reality＝拡張現実）と呼ばれている。ＧＰＳ機能を使って現在地から周辺スポットの情報を表示させる機能などは、携帯電話の時代からあったが、さらに一歩先を行く今後の展開が大いに期待できる新技術だ。

　先駆けとなったのは「セカイカメラ」という、日本のＩＴベンチャーが立ち上げたアプリだった。セカイカメラを初めて触ったとき、僕は大きなショックを受けた。未来がやってきた！　と歓喜した。また同時に、この技術はとくに旅の分野でこそ大きく生かせるだろうと感じていた。旅とは移動の連続なのである。知らない街に行って、スマートフォン

トリップアドバイザーのiPhoneアプリ。香港旅行の際に、AR技術を使用した「ライブビュー」機能で情報を表示させてみた。

をかざして情報を取得する。無限の可能性が広がっていそうで、妄想は膨らんでいった。だからトリップアドバイザーからAR機能搭載のアプリが出たときには、僕は大喜びした。まさに願っていたARの活用法を、最も効果的な形で提示してくれたと感じた。

いま目の前にあるレストランは美味しいのか——そんなことまでわかる時代になったのだ。次はどんな技術が僕を驚かせてくれるだろう。想像するだけでワクワクする。

国内旅行とインターネット

気がついたら、海外旅行の話ばかりになってしまった。本章をしめくくるにあたって、国内旅行についても少し書いておきたい。

海外旅行の本ばかり書いているせいか、よく誤解を受けるのだが、僕は国内旅行にも出かける。それも実際にはかなり頻繁にあちこち行っているほうだと思う。国内旅行になると、どちらかというと飛行機を使わない旅が多い。日本の国内線は、世界的に見てあり得ないほどに運賃が高い。現在は東京住まいなので、九州・四国・沖縄など西日本方面へ行くとなると飛行機を使わざるを得ないが、往復で一人5万円ぐらいはかかるから、どうしても躊躇《ちゅうちょ》してしまう。同じだけのお金を出せば、アジア圏なら海外へ行けてしまう。

しかし、高額過ぎた日本の空事情も、いよいよ明るい兆しが見えてきた。全日空が格安航空専門の子会社を設立したのだ。待ちに待った和製LCCの誕生である。peachというその新しいエアラインは、当面は関空を拠点に運航するとのことなので、首都圏の人間としては歯がゆいところなのだが、今後の展開に大きく注目している。ちなみに、JALが豪ジェットスター、ANAがマレーシアのエアアジアとそれぞれ合弁で会社を設立し、新しいLCCを就航させることも明らかになった。

そんなわけで、僕の国内旅行は電車か、あとは車を利用したものが多い。とくに夫婦で出かける際には、ほとんどの場合マイカーでの旅となる。都市部よりは、日本ならではの四季を感じられる自然系スポットを目指すのが我が家のパターンなのだが、そうすると車がないと行動が制限されてしまう。逆に言えば、車さえあればどこへだって行ける。

そして春〜夏にかけては、車にテントを積んでいって、キャンプ泊である。もしくは、シートを倒して車中泊をすることもある。予約なんて必要ないから、急に思い立っても大丈夫だ。金曜の夜に仕事が終わってから自宅を出発し、青森まで行ったこともある。白神山地でキャンプ泊して、日曜の夜遅くに帰ってきて月曜には仕事といった慌ただしいものだったが、電車の時間など気にしなくていいし、疲れたら道の駅や高速のサービスエリアに停めて休めばいい。車の旅はフットワークが軽くなる。

そんな旅でも、僕はデジタルをフル活用している。車内ではスマートフォンをつないで、音楽を流す。以前はｉＰｏｄを使っていたが、ｉＰｈｏｎｅを持ち始めてから、音楽や動画などのマルチメディアコンテンツの再生もｉＰｈｏｎｅに統合させた。

車にナビが付いているので、海外旅行のときのように地図機能に頼ることはあまりないが、もしナビがないならスマートフォンで代用できるのは魅力だろう。ナビ機能に関しては、ｉＰｈｏｎｅよりもＡｎｄｒｏｉｄ端末のほうが優れている。カーナビのように音声で「右に曲がります」など案内してくれる。画面が小さい機種だと使いにくさはあるが、タブレット端末のような、それなりに画面サイズのある機種なら、カーナビと代わらない使用感を得られるかもしれない。

あとは重宝しているのは渋滞情報のチェックだ。渋滞は大の苦手である。高速に乗っていて「渋滞20キロ」なんて表示が出たら、たとえ遠回りでもその区間だけ一般道に降りるタイプなのだ。渋滞情報もカーナビでいちおう表示されるが、スマートフォンのほうが使い勝手はいい。渋滞情報をリアルタイムにチェックできるアプリなども用意されているので、車で旅行をする際には必ずインストールしておきたい。

サービスエリアや道の駅といった休憩場所の情報も、スマートフォンでチェックする。各サービスエリアにどんな施設があるか、あらかじめわかっていると便利だ。いざ入ってみたら、たいした施設がなくてしょんぼりした、なんて事態は避けたい。

「ここではなく、次のサービスエリアまで行けばスターバックスがあるよ」

助手席に座った奥さんにリサーチしてもらう。最近は高速のサービスエリアもどんどん進化してきているが、サービスエリアごとの差も大きい。情報があると助かるのだ。

行き先はいわゆる田舎がほとんどだが、田舎であればあるほど僕たち好みだ。集落には民家が数軒しかないような辺鄙《へんぴ》な場所、ところどころ未舗装路もある小さな半島の山道など、意識的に奥地を目指す。そうすると困ることがある。携帯の電波が圏外になるのだ。

これはとくにｉＰｈｏｎｅでよく起こり得る。特定のキャリアを別に悪く言うつもりはないが、事実なのであえて書くと、ソフトバンクはやはり電波が入りにくいところがある。東京にいる限りはさほど不便は感じないが、田舎へ行くと途端に非力になる。地方を旅行する際には、いまのところはドコモのほうが便利だろう。こういうとき、スマートフォンを複数台持っていると助かる。またモバイルルーターでもいい。ｉＰｈｏｎｅが圏外になったら、Androidに切り替える。どうしてもiPhoneをつなぎたいなら、Androidでテザリングしたり、モバイルルーターを利用する手もある。

ネットでの情報収集についても、海外旅行同様、国内旅行の情報も選り取り見取りだ。ググればたいていのことはわかるし、旅館や美味しい食堂のクチコミ情報なども簡単に手に入る。むしろ国内旅行のほうが情報は充実しているぐらいだ。『るるぶ』などの定番ガイドブックのスマートフォン向けアプリもある。

そして、国内旅行ならではのネット情報も忘れてはならない。僕たちは自然の四季を求めて旅をすると書いたが、さらに具体的にいうと植物が大好きだ。わかりやすいものだと

紅葉状況を調べられるサイトにはよくお世話になっている。定番どころだと「るるぶ 紅葉とれたて便」(http://www.rurubu.com/season/autumn/koyo/) など。さらにTwitterで「地名+紅葉」と入力して検索すると、現地を訪れている誰かのつぶやきが出ることもあり参考になる。

桜や紅葉。これらを目的とする場合、訪れる時期が非常に重要となる。桜なら満開の瞬間に立ち会いたいし、紅葉の色づき具合も旅の満足度を大きく左右する。

その種の情報も、ネットのおかげでいまは簡単にチェックできる。開花状況や、紅葉の色づき状況をほぼリアルタイムで検索できるサイトがあるからだ。

「紅葉状況80%。山の上の方はもう完全に紅葉しています」などと出ていれば、「よし！　今週末あたり行ってみようか」と決断することになる。

ほかにも、花火大会の情報、冬のライトアップの情報など、日本国内の季節ごとの旬な情報を手に入れるのに、ネットはかなり有用だと思う。

国内旅行もネットに頼るべし、なのである。

デジタル化がもたらす旅進化論

5

旅をデジタルで表現しよう

「世界一周デート二周目なう」

成田空港でTwitterにそうつぶやいて、僕たち夫婦は短期世界一周に出発した。2010年9月のことだ。12日間で10ヵ国を巡ったという話はこれまでも少し触れたが、このときの旅ほど、「地球が狭くなった」と感じたことはなかった。

毎日のように飛行機に乗って移動をし、次々と大陸が、国が変わっていく高速世界一周だったせいもあるだろう。地球の大きさを肌で感じ取り、ダイナミックな旅に高揚感を味わいながら、遠かった「世界」がグンと身近なものに変わったことに、震えるような感動があった。

旅行中は感じたことを即座にTwitterに投稿していた。見たモノを写真や動画に撮り、その場でアップし続けた。一方的に発信するだけでなく、フォロワーの方々から寄せられたありがたいツイートにも、気軽に返答していった。世界のどこにいても、日本にいる友人・知人たちといとも簡単につながることができる。

旅のリアルタイム実況中継――。新しい試みだったが、そのおかげで、ただでさえ盛りだくさんの旅がさらに充実したものになった。

Ｔｗｉｔｔｅｒで旅の模様を実況することには、実は当初は自分の中に少しだけためらいもあった。ツイートするにも労力は必要で、限られた旅の時間をそのことに消費してしまうのはもったいない。小さな画面ばかり見ていないで、いま目の前に広がるリアルな世界ときちんと向き合ったほうがいいのではないか。折角の貴重な体験なのだから、自分たちだけの思い出としてそっとしまっておこう……などなど、ネガティブな発想も頭をもたげた。

実際、そういった批判的な意見を言われたこともある。価値観の相違なので、論破するつもりはまったくないのだが、少なくとも僕たちは実況したことに後悔はない。「したこと」なんて過去形で書いたが、いまなお旅の実況中継にはまったく抵抗はない。

旅を表現したい——自己満足かもしれないが、僕の中にその気持ちは根強い。だからこそいま、こうして旅行作家という仕事をしているのだが、仮に仕事は関係ないとしても、やっぱり旅を表現したい。自己顕示欲が強いのだろうか。

でも旅人の中には、何らかの形で自分の旅を発信したいと考える人は少なくないようにも思える。こんなにおもしろいものを見た。こんなに変わった体験をした。そう誰かに伝えたい気持ちは僕には理解できる。別に自慢したいわけではない。旅の思い出を共有したいのだ。そして夢のような経験が、夢ではなく現実のものだったことの証拠を残したい。

僕は自分で書くだけでなく、他人の旅行記を読むのも大好きだ。書店で新しい旅行記本を見つけたら手に取るし、ウェブ上にアップされている個人の旅行記を読んで回るのもささやかな趣味の一つだ。他人の旅行記なんて興味がないという人もいるかもしれないが、おそらくそういう人たちは、そもそも他人に興味がないのだろう。

誰かの旅行記を読むと、いろんなことを考えさせられる。その人が訪れたという場所へ、自分も行ってみたいと憧れたり、旅の疑似体験をさせてもらったり。旅行記はある意味でドラマだと思う。まさに十人十色。旅人が100人いたら、100のまったく違うストーリーが紡《つむ》がれる。作り込まれたフィクション作品にはない、リアリティとでも言えるだろうか。僕にとっては、小説を読むよりおもしろいと感じることも多い。

旅を発信するためにも、やはりデジタルは向いている。ネットが変革させたことの一つに、情報の受け手でしかいられなかった単なる一個人が、自ら発信できるようになったことが挙げられる。新聞、雑誌、テレビなどのメディアを介さずとも、誰でも好きに情報を発信できる時代になった。是非はともかく、これは紛れもない事実だろう。

ならば、旅を発信したいなら、ネットの力を借りればいい。僕たちも最初の世界一周のとき、ホームページを立ち上げ、旅日記を綴っていった。やがてホームページよりも手軽にできるということで、ブログで旅行記をアップする人たちが増えてきた。フォートラベルのような旅行記の投稿に特化したサービスも現れた。ｍｉｘｉやＦａｃｅｂｏｏｋといったＳＮＳにも旅行記はたくさんアップされている。そしてＴｗｉｔｔｅｒ——。

時が経つにつれその形態は変化していったが、「旅を表現したい」という旅人の志は何も変わっていない。それでいて表現ツールのバリエーションが増えた現状は、歓迎すべきものだろう。

旅を記憶として残すか、記録として残すか——。記録として残すなら、世の中に公開してみるのも一つの選択肢なのだ。デジタルならそれも簡単にできる。

クラウドで旅人はノマド化する

僕はこれまでに、旅先でＰＣの盗難に遭ったことが二度もある。盗《と》った者に対しては許しがたい憤りを感じるが、そうはいっても、一度盗られたものはまず返ってこない。こんなとき、より大事なのはＰＣではなく、中に記録されているデータだ。ＰＣはまた買えばいいが、なくなったデータは復活できない。普段からデータのバックアップを取る習慣をつけるのは言うまでもないことだが、旅行中はとくに細心の注意を払いたい。どんなに面倒でも、バックアップだけは欠かさずに行うべしだ。

僕は二度も盗難に遭いながらも、データはすべてバックアップを取っていて無事だった。バックアップの方法としては、ＰＣであればポータブルタイプの外付けハードディスクが最も手軽だろう。旅に持って行くのなら、耐衝撃機能の付いたものがベターだ。ＵＳＢメモリやＳＳＤも大容量化が進んでいるので、そう遠くない将来、ハードディスクではなく、それらフラッシュメモリに取って代わられるかもしれない。

あとは写真や動画については、ｉＰａｄのようなタブレット端末にバックアップを取る方法もある。電源をオンにした瞬間に起動するタブレット端末はＰＣよりも機動性が高いし、大きな液晶画面で撮った写真を確認するのも楽しい。

しかし、もっとオススメの方法もある。オンライン上にバックアップを取るのだ。オンラインのストレージも、一昔前からすると考えられないぐらい大容量・高機能化している。旅の写真や日記を個人のＰＣではなく、ネット上に保存する。それも帰国後ではなく、旅行中に行えば、ＰＣや外付けハードディスク、ｉＰａｄなどの物理的なデバイスを万が一失ったとしても、データは取り戻すことができるようになる。

前項で旅の情報発信について書いたが、たとえ旅を発信せずとも、オンライン上に旅を記録していくことには意義があると思う。自分だけのログになるのだ。たいていのウェブサービスは、アップした情報を非公開にする設定も用意されている。あえて公開にはせずに、データの保管所として活用する手も検討に値するだろう。

近年よく聞くようになった言葉に「クラウド」がある。コンピュータの処理を、ネットワーク上で行う利用形態のことを意味するが、その際にデータをオンラインに保存することから、オンラインストレージなどもクラウドの一種とされる。個人ユーザーに馴染みがあるものだと、動画を投稿するＹｏｕＴｕｂｅや、写真をアップするＰｉｃａｓａ、ウェブメールの定番Ｇｍａｉｌなども広い意味ではクラウドと言って良いだろうか。

この、データをローカルではなく、オンラインに記録するという発想自体に、僕はかねてより大きな可能性を感じてきた。あらゆるデジタルデータをクラウド上に保存するようになると、どうなるか――。どこにいても、データにアクセスできるようになる。しかも、そのためのクライアントとなる端末はＰＣに限らない。スマートフォンやタブレット端末など、ネットワークにつながる機器であれば、同じデータにどの端末からも簡単にアクセスできる。機器を買い換えるたびにデータを移す必要もないし、作業場所も職場や自宅に限定されなくなる。アプリケーションはネットワーク上で動作するので、端末のスペックに依存しなくて済むのもありがたい。

たとえば僕の場合、旅行中に書く日記や取材メモなどは、いまはすべてEvernoteというクラウドサービスに記録している。Ｅｖｅｒｎｏｔｅの良さは、使い込めば使い込む

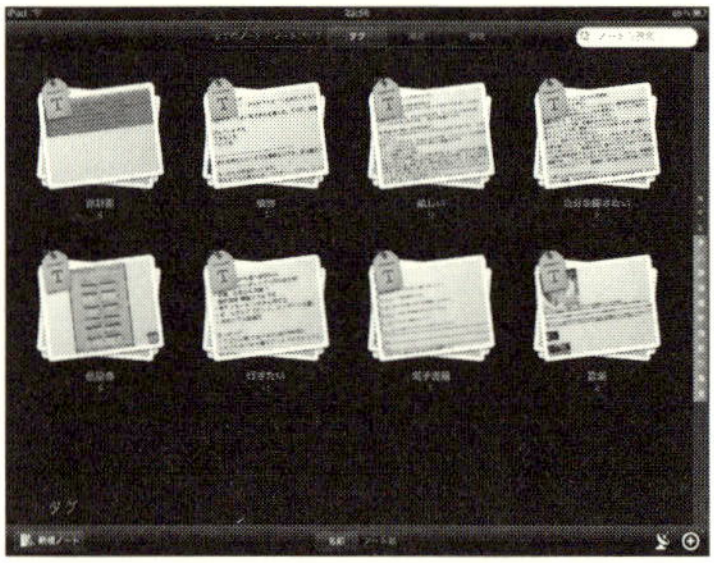

旅の日記などはEvernoteに記録する。画面はiPad版だが、PCやiPhone、Androidなど端末を選ばずに常に同じデータが同期されるのは便利だ。

ほどに理解できる。これまで紙のノートに書いていた内容を、そのままデジタルで入力する。タグをつけて分類し、あとで読み返すときには検索をかければ一発だ。紙のノートのようにかさばらないし、紙と違ってテキストだけでなく、画像や音声、ＰＤＦなども、メモとして保存できる。旅中ならスマートフォンでその場でガシガシ入力し、帰国後にＰＣで整理する。データは常に最新の状態に同期されるので、異なる端末で意識せずに同じデータを共有できるのは、本当に便利だ。

日記は紙のノートに書きたいという人も、書き終わったページをスマートフォンのカメラで撮影し、その画像をＥｖｅｒｎｏｔｅにアップするという手もある。カバンごと盗難に遭って、書きためてきた旅日記を失う可能性はゼロではない。絶対になくしたくないものは、絶対になくならない方法で守るのだ。

また旅の計画を練る際に、ウェブで調べた情報をスクラップするのにもＥｖｅｒｎｏｔｅが役に立つ。Ｃｈｒｏｍｅなどのブラウザの拡張機能で、見ているサイトをワンクリックでＥｖｅｒｎｏｔｅに保存し、移動中にｉＰｈｏｎｅなどでサクッと確認する。目的地までの行き方がわかりにくいときも同様だ。住所さえわかれば、スマートフォンでなんとかなる。接続環境に不安があれば、地図の画像をオフラインでも保存しておく。細かいことを考えずに、必要になりそうな情報であればとりあえずＥｖｅｒｎｏｔｅに放り込んでおけばいいのだ。地図をプリントアウトしていく、なんて方法はもはや原始的過ぎると思う。

ほかにも一度使い出すと手放せないクラウドとしては、Ｄｒｏｐｂｏｘも外せない。オンラインにデータをバックアップし、それらを複数の端末で自動的に同期するサービスだ。仕事で使うデータのほか、音楽ファイルや自炊して電子書籍化した本など、ほぼすべてのデータを僕はＤｒｏｐｂｏｘで管理するようになった。ちなみに、いままさに書いているこの原稿のファイルも、Ｄｒｏｐｂｏｘ内に保存されている。オフィスのＰＣで途中まで書いて、続きを自宅のＰＣで書く。勝手に同期されるので、とくに意識せずとも、複数台のＰＣで同じファイル内容が保たれる。

Ｄｒｏｐｂｏｘは、無料では２ＧＢしか使えないが、あまりの便利さに僕は有料会員にアップグレードした。いまは最大容量の１００ＧＢを契約している。月額19・99ＵＳドル、年額１９９ＵＳドルは決して高いと思わない。ＳｕｇａｒＳｙｎｃなど、似たサービスもいくつかあるが、機能や転送速度、使用感などを比較検討した結果、いま現在Ｄｒｏｐｂｏｘが個人的にはイチオシだ。

応用的な使い方としては、航空券のイーチケット控えや、予約したホテルのバウチャーを、旅行ごとにフォルダ分けしてDropboxに保存している。メモ代わりになるし、チェックイン時に提示を求められたら画面を見せれば多くの場合問題ない。また旅先でもらった観光地のパンフレットや、搭乗券の半券、各種レシートなどは、帰国後にすべてスキャンしてデジタル化し、同様に旅行ごとのフォルダに分けDropboxに保存している。その種の紙類は、旅の思い出になるもので、捨てるのが忍びない気持ちがあったが、何度も旅に行くうちにたまってくるから、置き場所に困るのだ。データ化してクラウドに保管しておけば、半永久的に残すことができる。

物理的に必要なものを除き、デジタル化できるものはすべてデジタル化する。そしてクラウドに保管。その作業が完了したものは処分する。すると、部屋がどんどん広くなっていった。僕は物を捨てられない性格なのだが、デジタルとして残るのであれば、踏ん切りはつく。むしろ、いままでいかに不必要なものに囲まれて暮らしていたのかを知り、我ながら愕然とさせられた。

身の回りのクラウド化を進めていくと、旅人なりの究極形が見えてくる。

それは、「ノマド」という選択肢だ。英語の意味をそのまま訳すと「遊牧民」となるが、新しいライフスタイルとしていまひそかに注目を集めている。一つの場所に定住せずに、移動を繰り返しながら生活していく、まさに現代の遊牧民だ。

ノマドを実践するなら、クラウドはさらに大きな意味を持ち始める。世界中どこにいても、ネットにさえつながれば、自分のデータにアクセスできるのだ。旅をしながら仕事をするのも、決して夢のまた夢ではない。

ノマド化して、常に旅の中に身を置く。ストイックな生き方にも思えるが、いまの時代、そんなに突拍子もない話でもない気がする。根無し草だって悪くないだろう。いつ何が起きるか予想もつかない世の中になってきたのだ。クラウド化を進め、身軽でいることにはきっと意味がある。いざというときに備えて——。

デジタルで言葉の壁を越える?

友人や知人、拙著の読者などから、次のような質問を受けることが多い。

「言葉はどうしているの?」

「英語はしゃべれるんですか?」

正直に答えると、僕は英語は苦手だ。以前に一度ＴＯＥＩＣの試験を受けたことがあるが、結果は散々たるものだった。確か400点ぐらい……。自慢になるどころか、むしろ恥ずかしいレベルと言えるだろうか。

しかし同時に、だからといって旅先で本気で困ったことはほとんどないのも事実だ。旅で使う英語なんて、ある程度限られるのだ。お約束の表現はすぐに覚えるし、必要な場面では貧弱なボキャブラリーをフル動員して、なんとか意思疎通を図る。海外旅行を躊躇する理由に、言葉の問題を挙げる人が思いのほか少なくないことを知り、驚かされるのだが、言葉なんてわからなくても旅はできる。これは確信を持って断言できる。

そもそも、海外旅行＝英語という考えは必ずしも正しくない。英語なんててんで通じない国や地域は多く、そんな場所を旅していると、いかに英語力に秀でていても太刀打ちできなくなるはずだ。中国語、スペイン語、フランス語、ロシア語――英語以外の言葉までマスターしようとすると、キリがなくなってしまう。

では、どうすればいいのか。いや、どうしようもないだろう。挨拶や数字などの最低限の単語ぐらいは覚えるべきだが、行きの機内なんかで付け焼き刃で勉強してもすぐにボロが出る。この際、あまり深いことは考えずに、ええいっと行ってしまえばいい。全然答えになっていないが、実際それでなんとかなってしまうと思う。

言葉についても、デジタルで解決できないものかと日々考えている。すると、解決策の手がかりとなり得る技術やサービスがすでにいくつか存在することに気がつく。まだまだ理想とするレベルには及ばないものの、現状をおさらいする意味で、その辺のことを少し書いておこう。

まず、外国語の会話帳。『旅の指さし会話帳』という本がある。国や地域ごとに、旅行で遭遇するであろうさまざまなシーンを想定し、必要最低限の現地語がイラストとともに掲載されている会話帳シリーズだ。このシリーズのいいところは、タイトルどおり、指さしで相手に伝えられる点だろう。外国語は言葉自体は覚えていたとしても、いざ口に出し

『旅の指さし会話帳』のスマートフォン版を愛用している。有料アプリだが、無料のライト版もあるので、最低でも無料版は出発前にインストールしておきたい。

ても通じないことがままある。発音が難しかったりするのだ。

そこで本を見せ、相手に現地語の文字を読んでもらうというわけだ。行き先によっては、文字の読めない人もいるから、そういうときはイラストで理解してもらう。定番シリーズとして、多くの旅人たちに支持されているのも納得の、よくできた会話帳だ。

この『旅の指さし会話帳』のiPhone／Androidアプリがリリースされている。これが実際に利用してみると、使い勝手のよさに感心させられる。最大の特徴というか、本と大きく異なるのは、画面をタッチすると音声が再生されること。つまり、相手に画面を見てもらう必要すら、なくなるのである。発音の勉強になるのもうれしい。

また、スマートフォン向けのアプリとしては、「VoiceTra」は画期的だ。通訳アプリである。アプリを立ち上げ、スマートフォンに日本語で話しかけると、なんと相手の国の言葉に自動で通訳してくれる。これこそ、多くの旅人が求めていた技術ではないだろうか。

実際に試してみると、話しかける日本語の認識率はかなり高いものの、内蔵されている辞書データのバリエーションが限られるのか、誤訳も混じってしまう。けれど、同種のアプリの中では精度はピカイチと感じる。対応している言語がとにかく多く、音声認識だけでなく、テキストを入力する形でも機能するのも使い勝手がいい。何よりそのコンセプトに僕は共感する。

会話ではなく、外国語の文章を読むだけなら、もっと手軽にデジタルの力を借りることができる。とくに外国語のサイトで調べ物をしたり、外国のサイトで航空券やホテルを予約するといったように、コンピュータの中だけで完結することであればしめたもの。辞書検索や自動翻訳サービスなど、便利なツールがウェブ上にはたくさん存在するからだ。外国語のサイトを見る際、最近ではわざわざ翻訳系の支援ツールにアクセスせずとも、ブラウザに搭載された機能だけで外国語を自動翻訳できるようになった。誤訳はあるし、へんてこな文章に変換されてしまうことも少なくないが、それでも言いたいことはなんとなく

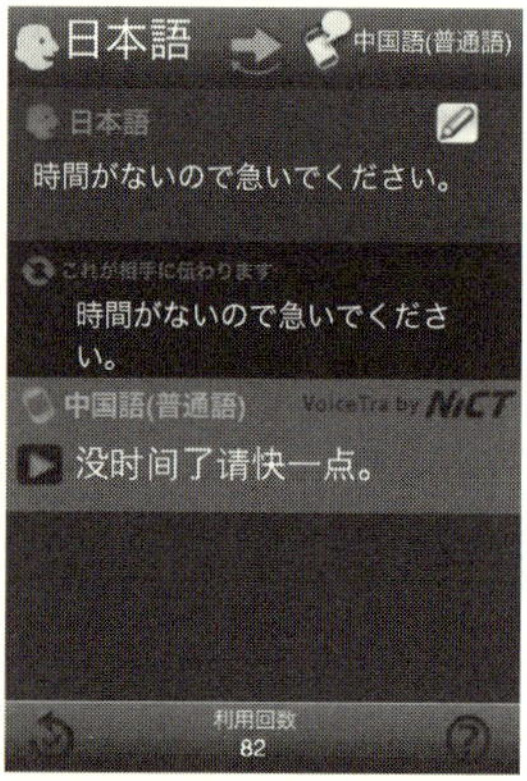

自動通訳アプリ「VoiceTra」。これが無料で利用できるなんて恐れ入る。中国語や英語など主要言語は音声も再生されるのがうれしい。

理解できてしまうから重宝する機能だ。

いずれにしても、工夫次第ではデジタルを使って言葉の壁を乗り越えられる可能性はあると僕は思う。ＩＴの技術がもっと進化すれば、さらに正確な通訳機能や、便利なサポートツールが登場するだろう。相手の言葉がまったくわからなくても、百パーセント意思疎通できる、革命的な技術が生み出されることだって、夢物語ではないかもしれない。

コンピュータが、世界中の人たちとのコミュニケーションを手助けしてくれる。ますますデジタルが手放せなくなる日も、そう遠くないと期待したい。

ガイドブックはどう電子化するべきか

情報収集にネットが有用なのは言うまでもない。旅についても、ググればほとんどの情報が手に入ることは、本書でも第４章で紹介した。情報源といえばガイドブックだったのも、すでに過去のものとなりつつある。

とはいえ、本当にガイドブックはもう必要ないのか？　僕は現状ではまだ存在価値があると思う。海外でのネット常時接続が可能になったとはいえ、全世界の１００％のエリアをカバーしているわけではない。飛行機の機内など、オフラインを強いられるシーンもある。とくに行きの機内では、ガイドブックを読んで予習したいという人も少なくないだろう。ネットにはつながるとしても、治安上の懸念から公の場でスマートフォンを使うのを躊躇する場面も考えられる。一目で高価なものとわかるスマートフォンだから、国によってはおおっぴらに取り出しにくかったりもする。バッテリーが切れたらアウトなのも、いざというときに足かせになる。

つまり、インフラとハードウェア的な制約から、旅先でのデジタル情報活用には、限界も見えてくる。万能ではないのだ。それにガイドブックは、本としてプロの手によって編集された情報源である。誤った情報が載っていることも実際にはあるものの、ネット上に散らばっているそれと比べると、信頼性という面ではガイドブックに軍配が上がるだろう。というより、お金を払って購入するものなのだから、上がってくれないと困る。

一方でガイドブックそのものも、すでにデジタル化が始まっている。たとえばまだ国内旅行だけだが、昭文社の『ことりっぷ』シリーズはｉＰｈｏｎｅ／Ａｎｄｒｏｉｄ用アプリとして電子版もリリースされている。ガイドブックとはいえ、紙の本を画面上で読める形にしただけの電子書籍といった印象を受けるが、気になるスポットにシールを貼ってリスト化する機能など、デジタルならではの付加機能もいくつか搭載されている。

ただ個人的に思うのだが、国内旅行のほうはガイドブックや、それを電子化したものの需要はあまりない気がする。日本国内においては携帯エリアのカバー率がすでにかなり高いので、スマートフォンでネットから情報を取得する方法だけでも十分になんとかなってしまうのだ。自分の国の情報なのだから、ネットに上がっている日本語の情報量も海外旅行の比じゃない。それこそググればいくらでも見つかるし、情報を活用するためのサイトやサービス、スマートフォン向けアプリなども非常に充実している。

存在価値があるとすれば、むしろ海外旅行のほうではないだろうか。英語情報も含めて考えれば、こちらもすでにかなりの部分までネットだけで情報収集可能だが、日本語となると限界はある。また、先ほど国によっては高価なスマートフォンは人前で使いにくいと書いたが、ガイドブックを広げるよりはマシな場面もある。観光地などではガイドブックを持っている＝旅行者とバレバレで、旅行者をカモにしている不届きな輩《やから》に狙われる危険性もあるが、スマートフォンならその心配も軽減される。

海外旅行のガイドブックとしては、定番ともいえる『地球の歩き方』がやはりｉＰｈｏｎｅ／ｉＰａｄ版をリリースしている。２０１１年８月現在、ニューヨーク、サ

『地球の歩き方 ニューヨーク2010』のiPhone版アプリ。450円と低価格なのは魅力だが、紙の本と比べると情報量が少ない。

ンフランシスコ、パリの3種類だけで、ほかにコンセプトの違う商品として釜山・慶州、アメリカの国立公園などが公開されている。

「ニューヨーク」が出てすぐに僕は実際に購入してみたのだが、残念ながらまだまだ発展途上と感じた。観光スポットでiPhoneをかざすと、画面に写真が浮かび上がるAR機能や、Twitterとの連携など、スマートフォンならではの試みは評価できるが、何より情報量が紙のガイドブックよりもずっと少ないことにがっかりさせられた。よく調べてみると、通常版の『地球の歩き方』ではなく、『地球の歩き方ポケット』という、いわば簡易版のガイドブック・シリーズをデジタル化したものと知った。

余計な機能はいらないので、通常版の『地球の歩き方』を電子化してほしい——そう思っていたら、「アメリカの国立公園」がそうだった。こちらはクチコミサイト「旅スケ」との連携機能ぐらいしか余計なギミックがないが、簡易版ではないため、紙のガイドブックと情報量は変わらない。おもしろいのは、その販売方法だ。掲載されている全32の国立公園について、バラ売りをしている。閲覧のためのアプリ自体は無料で、ユーザーは自分に必要なコンテンツだけを選んで購入できる仕組みなのだ。

この販売方法は待望のものだった。紙のガイドブックでは、国ごと地域ごとで1冊となっているのが普通で、1冊に掲載されている場所すべてを訪れるわけでもないので、無駄だよなあとかねてより感じていたのだ。

ただし、料金については賛否両論あるだろうか。1コンテンツ（一つの公園）あたり230円、もしくは350円と気軽に買える価格なのだが、買い揃えていくと合計金額が紙の本よりも高くなってしまう。それに、おそらく実験的な位置付けのプロダクトなのだろう。アメリカの国立公園以外のタイトルが電子化される気配がいまのところないのだ。シリーズの全タイトルが電子化されたら、大きなインパクトになると思うし、実際に僕も一旅人として大いに活用したいと思っている。

ところで、「余計なギミック」などと少々ネガティブな書き方をしたが、デジタルならではの便利機能そのものを否定したいわけではない。本当に実用性の感じられる機能であれば大歓迎なのだ。一般的にありがちな機能の寄せ集めではなく、「旅行ガイドブック」なりの旅に特化した斬新なツールが求められている。

僕が思うに、キモとなるのは、インターフェイスだろう。旅先で情報を参照するという前提だと、いかに迷わずスピーディに目的の情報にたどり着けるかが最重要だ。情報自体は載っているとしても、それを探し出せないと意味がない。ｉＰｈｏｎｅのような全画面液晶のマルチタッチ・インターフェイスは、操作性が革新的だった。アプリも、閲覧するハードウェア特性を最大限に生かし、斬新なユーザー体験を提供できる形を目指すべきなのだ。

内容については、さまざまな可能性が考えられる。理想だけをいえば、すでに紙で出版されているガイドブックのことはいったん忘れ、ゼロから作り直すぐらいの気概があってもよいだろう。小説やマンガを電子化するのとはワケが違うのだ。文字通り、いかに読者を親切にガイドできるかどうか――一義的な目指すべきポイントはこれに尽きる。

極端なことを言えば、ガイドブックの「ブック」であることはこの際無視して、純粋に

「ガイド」に徹するのもよいかもしれない。デジタル化するのだから、無理にブックである必然性もなくなるのだ。クチコミを含むネット上の各種お役立ち情報へ一括してアクセスでき、かつ検索などの操作がスムーズに行え、それでいて従来の紙の旅行ガイドブックの代替となり得るアプリ。

例を一つ挙げるなら、「自由の女神へ行きたい」と打ち込む、ないしは音声で指示をする。すると現在地からの効率的な行き方やフェリーの時間&料金、見学する際の注意点などを、ポイントを押さえて結果だけを表示してくれるようなやつ。旅先で誰かに道を訊ねたり、観光案内所で質問をする感覚で、手軽に情報が得られたら便利だなあと思う。アプリ内に情報がない場面でも、ネット上から自動で情報収集してくれるとなおいい。

『Lonely Planet』という旅行ガイドブックのシリーズがある。旅行者用語で言えば、通称ロンプラ。世界でもっとも有名なガイドブックだろう。一部の地域は日本語版も出版されているが、基本は英語の本だ。日本人旅行者でも、『地球の歩き方』がカバーしきれていない地域（西アフリカなど）を旅するときには貴重な選択肢となるし、旅先で日本人にはあまり会いたくない人たちの中にはあえてロンプラを選ぶケースも少なくないだろう。

ロンプラはいち早く、スマートフォン向けのアプリをリリースしていた。こちらもベースとなるのは紙のガイドブックの情報のようだが、インターフェイスは日本国内の旅行ガイドのアプリより秀でている印象を僕は受ける。エリアやジャンルごとにカテゴリをたどっていく方法と、地図から選ぶ方法——手法自体はノーマルなものだが、たとえばアイコンの配置やデザインなどがわかりやすく、直感で操作できる点はさすがである。

そして何より素晴らしいのは、その価格とラインナップの豊富さだ。一つの地域につき、だいたい７００円。海外の本は日本のものと比べると元々の相場価格が高めだが、ロンプラのようなガイドブックはとくに高額な部類だった。1冊30ドル以上は当たり前で、買うのに躊躇してしまう金額だ。しかしこれが７００円といわれれば、一気に手が出やす

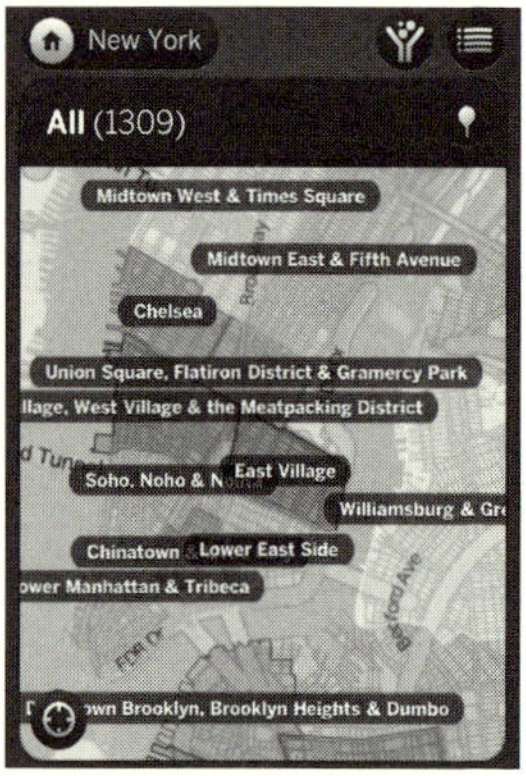

LonelyPlanetはすでに多くの地域をスマートフォン用にアプリ化して販売している。英語ではあるが、貴重な選択肢の一つだろう。

くなる。しかもプロモーションで無料配布しているときもある。バリエーションも豊富で、すでに１００冊以上が電子化されているのも魅力だ。こんな状況を知ると、日本のガイドブックにも、もう少しがんばって欲しいと思う。旅人の素朴な願いなのだ。

ロンプラのｉＰａｄアプリから見える旅の未来形

ロンプラの話が出たついでに、もう一つ感心したことを書いておきたい。

初代ｉＰａｄが発売されて、まだ間もない頃だったと思う。ロンプラからｉＰａｄ専用

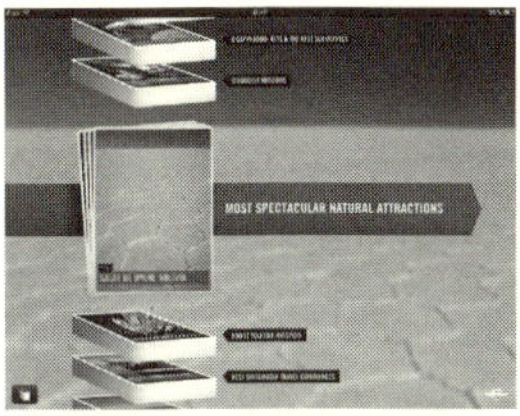

LonelyPlanetがリリースしたiPadアプリ「1000 ULTIMATE EXPERIENCES」は、旅好きならきっと旅心をくすぐられるはずだ。米iBooks Storeで無料公開されている電子書籍「LONELY PLANET'S BEST IN TRAVEL2011」も必見。

アプリがリリースされた。僕も即座にダウンロードしたのだが、これがなかなかイイ感じなのだ。

その名も「1000 ULTIMATE EXPERIENCES」。テーマごとのオススメスポットを、なんと1000も紹介するアプリだ。テーマは100種類もあり、それぞれ10ずつスポットを収録している。たとえば「ポーターなしで登れる山」「最も美しい建物」「世界の奇祭」などなど、旅人なら「おっ！」と感じるような、ひねったテーマも多く、パラパラ眺めているだけで旅気分が大いに盛り上がる。

そう、このアプリはガイドというよりは、旅気分を盛り上げるためのものだろう。個々のスポットの情報も載っているが、あくまでも概要程度だ。けれど、いわばカタログとして捉えると、これほど価値の高い旅アプリもないだろうとも思う。

「次はどこへ行こうかな？」

旅の計画を練るのに、行き先をどうするか頭を悩ませているとき。テーマ、つまりその人の趣向に合った、オススメの旅先候補を提案してくれるというわけだ。トランプのカードのようなインターフェイスもコンセプトによくマッチしており、このカードの絵柄をそのままメールに添付して送信することもできる。旅仲間に、「ここよさそうじゃない？」

とメッセージを伝えるのに、センスの良いツールになると思う。

実はここ数年個人的にとくに感じていたことがある。それは何かと言うと、旅人の趣向が多様化してきている――旅の現場からはそんな空気が感じられるのだ。いわゆる誰もが行くようなお決まりのデスティネーションではなく、旅人各自のこだわりを満たしてくれる場所。ハワイや香港やパリやニューヨークといった定番以外の、新しい選択肢。

これは旅行に限らない話かもしれない。現代を生きる我々は個人の趣味・嗜好がどんどん細分化されてきている。マニアックという話とも違う。みんなが満足できる専門性の低いものよりも、より何かに特化してフォーカスしたものが喜ばれるのだ。

遺跡に興味のある人と、きれいな海で魚と戯れたい人は、求めるものの方向性が大きく異なる。浅く広く、と考えて手当たり次第にあちこち行くような旅人であっても、一番したいこと、一番したくないことぐらいはきっとあるはずだ。

ロンプラのｉＰａｄアプリを使ってみて、旅人が多様化したいまの時代感を的確にとらえているという感想を僕は抱いた。テーマで旅先を考える。そのテーマを１００個も用意する。全部で１０００箇所もあれば、誰だって一つぐらいは琴線に触れるものが見つかる。

要は「どこへ行きたいか」ではなく、「何をしたいか」がより重要ということだ。このことは、旅の未来を考えるうえで、ひとつの手がかりになるのではないだろうか。

旅行業界にとっても、安さだけを訴求するような画一的なパッケージツアーは止め、いままでにない新しい形のユニークな商品を開発していけば、停滞している日本人の海外旅行市場を活性化させる起爆剤になるかもしれない。お節介かもしれないが、一旅人の勝手な未来予想図である。

ちなみにロンプラのデジタルコンテンツは、ほかにも魅力的なものが多い。米国版ｉＢｏｏｋｓ Ｓｔｏｒｅでは、ＥＰＵＢ形式の電子書籍としてすでに多くのコンテンツが販売されている。中でも無料公開されている「LONELY PLANET'S BEST IN TRAVEL2011」はオススメだ。２０１１年に旅人が行くべきオススメスポットを、国ごと、地域ごとなどにベスト10形式で紹介している。先のｉＰａｄアプリ同様、テーマごとにまとめられたランキングもある。現状では米国版のみだが、下手な旅行雑誌を買うよりもよっぽど楽しい。

おわりに
——デジタル依存型旅人——

僕の旅は失敗の連続だ。飛行機の時間を間違えたり、タクシーの中に忘れ物をしてきたり、声をかけてきた怪しい男にだまされたり……。トホホな経験は数知れない。

きっと、ボケーッとしているのだろう。ほぼ毎月のように旅に出かける生活をしているくせに、いまだに自分のマヌケぶりに愕然とさせられてばかりでイヤになる。

さらにいえば、小心者でもある。危険な目には遭いたくないから、治安が悪いと聞いたらひるんでしまうし、ピンチに陥ってもお金で解決するし、そもそも基本的に無茶な行動はあまりしないタイプなのだ。「ヘタレ」と呼ばれても、返す言葉が思い浮かばない。

だからこそ、デジタルなのである——。

便利なツールが旅を手助けしてくれる。情報も入手できる。誰かとコミュニケーションを取る手段にもなる。いざというときにサポートしてくれる、とても頼りになる存在。自分が至らない部分を補ってくれるのだ。

デジタルがあれば、ヘタレでも旅ができる――。

フラッシュパッカー、という言葉をご存じだろうか？

はじめて聞いたという人も、個人旅行者のことを指す「バックパッカー」から派生した言葉だというのは、なんとなく想像できるだろうか。

「フラッシュ」とは「光り物」を指し、スマートフォンやPCといったデジタル機器のことを意味する。つまり、本書のメインテーマである、デジタルを活用して旅を楽しむ人たちのことをフラッシュパッカーと呼ぶということだ。ここまであえて書いてはこなかったが、種明かしをするなら、実は著者としてはフラッシュパッカーの手引書を想定して本書を執筆してきた自覚はある。

ほかにも「デジタル・パッカー」やら、「モバイル・トラベラー」などなど、いろんな言葉が考えられるが、どう呼ぶかは正直なところあまり意味はないと思う。

肝心なのは、このような言葉が生まれるほどに、その種のデジタル依存型旅人が増えているという事実だ。航空券やホテルをネットで予約して、旅先ではスマートフォンで現地情報を調べながら、撮った写真や思ったことをＴｗｉｔｔｅｒなどでリアルタイムに発信する。デジタル以前にはあり得なかったであろう、新しい旅の形がハッキリと存在している。そして技術の進歩とともに、その形は今後ますます進化を遂げていくだろう。

また、フラッシュパッカーには、同時に「裕福な旅行者」という意味も込められているのだそうだ。デジタル機器を持っているからといって、それがすなわちリッチという言葉に結びつくわけでもないのだが、デジタル機器を最新のものに買い換えるように、旅そのもののスペックを向上させようという思考は、この手の旅行者ほど強いのかもしれない。

ビジネスクラスの世界一周航空券の売り上げが倍増しているというデータも実際にある。旅行者の世界でも、格差社会が生まれつつあるのだろうか。ネットワークと常につながっている自宅での生活を、ある意味そのまま旅先でも再現しようとする行為は、快適さを求める現代っ子旅行者らしい発想のようにも思える。旅は好きだけど、不便なのは耐えられないのだ。

旅とお金の関係については、僕なりにポリシーはある。

それは一言でいえば、「ハイ&ロー」ということになる。裕福な旅も、貧乏な旅も、それぞれにメリット・デメリットがある。常に最高級のホテルに泊まって、最高級レストランで食事を取る旅には、個人的には魅力を感じないのだ。宿はラグジュアリーなところでも、食事は道ばたの屋台にするなど、臨機応変に美味しいところどりするのだ。高いものから安いものまで、自分の趣向や、そのときどきの気分に合わせて何にでも対応できる旅人になりたい。フラッシュパッカー的には、そんなスタイルこそ性に合うように思う。

旅のデジタル化が進んだことで、ウェブの情報だけ見て満足してしまい、現地に行こうという気にならない人が増えていると聞く。これまでは秘境とされていた場所の情報も簡単に手に入るようになった。画像はもちろん、動画だってPCやスマートフォンで簡単に観ることができる。グーグルのストリートビューを起動すれば、街歩きの疑似体験まで可能だ。そんな時代だからこそ、僕はリアル体験としての旅行に価値を見出す。

バーチャルな旅行体験は、所詮はバーチャルに過ぎない。実際に旅に出かけて初めて得られる体験がかけがえのないものであることは、旅人ならきっと知っているはずだ。

だから、どんなにデジタル技術が進化しても、僕は旅を止めないだろう。

便利になるのは大歓迎だし、その恩恵をたっぷり受けたいと願うが、それらはツールであり、目的ではない。デジタルに頼るのは、リアルな体験をより豊かなものにするためなのである。ここまで読んでいただいた読者のみなさんに、そのことが伝わっているであろうことを切に願う。

２０１１年8月25日

吉田友和

吉田友和（よしだ・ともかず）
1976年千葉県生まれ。妻の松岡絵里と夫婦でまとめた世界一周旅行ガイド『してみたい！世界一周』、会社員生活の中での海外旅行体験をつづった『仕事が忙しいあなたのための週末海外！』（共に情報センター出版局）が大きな反響を呼び、旅行作家としての活動を本格的に始める。これまでに70ヵ国以上を訪問し、現在もほぼ毎月海外へ出かけている。雑誌等への寄稿および記事監修のほか、編集者として旅行ガイドの制作なども手がける。近刊は『12日間世界一周！』（角川文庫）。

スマートフォン時代《じだい》のインテリジェント旅行術《りょこうじゅつ》

2011年9月29日　第1刷発行
2012年3月 8 日　第2刷発行

著　者　吉田友和《よしだともかず》

発行者　鈴木哲
発行所　株式会社　講談社
〒112-8001 東京都文京区音羽2-12-21
☎03-5395-3532（編集部）
☎03-5395-3622（販売部）
☎03-5395-3615（業務部）
印刷所　慶昌堂印刷株式会社
製本所　株式会社　国宝社
本文データ制作　朝日メディアインターナショナル株式会社

落丁本・乱丁本は、購入書店名を明記のうえ、
小社業務部あてにお送りください。
送料小社負担にてお取り替えいたします。
なお、この本の内容についてのお問い合わせは、
生活文化第三出版部あてにお願いいたします。

定価はカバーに表示してあります。
ISBN978-4-06-217230-1